［教職課程シリーズ］

教育の方法と技術 四訂版

平沢 茂 ［編著］

図書文化

まえがき

　2019（平成31）年，教育職員免許法，同施行規則が改正され，本書が担ってきた「教育方法・技術」「情報通信技術」の内容は，「道徳，総合的な学習の時間等の指導法及び生徒指導，教育相談等に関する科目」の中に位置づけられることとなった。位置づけはどうあれ，教育方法・技術，情報通信技術にかかる教養は，教員にとって不可欠の資質・能力であることに変わりはない。

　かつて，大学の教員養成課程では，この内容に関する科目は，「教育方法」あるいは「教育方法学」などの名称で設定されることが一般的であった。そして，その内容はといえば，大学によって一様ではなかったものの，教育方法理論史・学説史として構成されることが多かったように思われる。

　教育方法に関する様々な理論や学説を学ぶことが無意味だとはいわない。しかし，実践と結びつけた理解をしないままに，これらの理論や学説を「覚える」だけでは，授業実践の力がつくとは思えない。

　いうまでもなく教師の仕事の中核は授業にある。確かに現代の学校では生徒指導も教師の仕事として欠かせない分野になっている。そうではあっても，教師の仕事の中核が授業にあるという判断に誤りはない。なぜなら，学校教育が生み出された最も大きな目的は，子どもたちに「生きるために必要な知識・技能」をつけてやることであり，そうした知識・技能を系統的に育てるのに最もふさわしい場が授業だからである。

　ところが，理論史・学説史中心の教育方法関連科目では，授業実践に必要と考えられる力を育てることができなかった。法改正により，「教育方法」に加えて「技術」や「情報機器」，「教材」などの語が付加されてきた理由は，このことにかかわっている。つまり，実践に直結する内容の科目に衣替えしようということである。

　そういうわけで本テキストも，授業実践の力のある教師を育てたいとの願いを込めて編んだものである。

　その願いは，目次を見ていただくと理解してもらえると思う。第1章ではこ

の科目を学ぶために不可欠と考えられる概念を学んでもらおうとのねらいで構成されている。教育方法の諸理論を整理したが，従来の理論史・学説史のように単なる概説をねらったものではない。実践を意識した内容にしたつもりである。第2章は，実際に授業を進める段階で求められる諸スキルを整理した。実践を強く意識した具体的な内容を含めたつもりである。第3章は，学校は子どもたちに何を教えるのかについて基本的な考え方を提示している。第4章は，様々な教育メディアをどう利用するのか，具体的に踏み込んだ内容で構成している。第5章は，教育評価である。評価とは何かという根本問題を基本に据えて，評価の意味や具体的な評価法を解説する。

　第四版では，情報通信技術に関する新たな動向を踏まえた内容を加え，その他，読みやすさに配慮した改訂を行った。本版もまた，これまで同様，ご利用くださる先生方や学生諸君にご満足いただけるものと考えている。

　末筆ながら，ご多忙の中ご協力をいただいた執筆者諸氏および図書文化社の大木修平氏に深甚の謝意を表したい。

2023年吉日

編著者　平沢　茂

もくじ

第1章　教育方法・技術にかかわる基本概念と理論の展開 (7)

I　教育方法全般に関わる概念 …………………………………………… 8

教育方法／教授法／学習指導／生徒指導／教育技術／指導計画・指導案／
授業設計

II　教育方法の歴史的展開 ………………………………………………… 17

「理論」との向き合い方／「教授中心（注入）」と「学習中心（開発）」／
言語主義教育とその可能性／言語主義に対する批判と経験主義教育／進歩主
義教育批判と本質主義の台頭／経験主義と系統主義／教授活動への注目と教
授段階論

III　教育の現代化と新たな教育方法論 …………………………………… 37

視聴覚教育―情報機器の活用／教育工学―教育活動におけるオートメーショ
ンの発想／発見学習／有意味受容学習／教授工学の成立

第2章　授業設計と授業の実践 (47)

I　授業の設計 ……………………………………………………………… 48

授業設計とは／授業設計の要件／目標の明確化／目標の種類と目標行動／
情意目標の目標行動／情意目標と授業／授業の流れの明確化―教授フロー
チャート／教授フローチャートの作成と活用

II　学習意欲を引き出す教師の指導技術 ………………………………… 58

教材研究と授業の導入の重要性／「指導」と「支援」／授業展開における指
導技術

III　学習指導案の実際 ……………………………………………………… 65

IV　学習組織と教授組織 …………………………………………………… 71

学習組織／教授組織

第3章　カリキュラム開発 (85)

Ⅰ　カリキュラム開発とは …………………………………………………………… 86
カリキュラムとは何か／カリキュラム開発の源流とその展開／学校に基礎を
おくカリキュラム開発／潜在的カリキュラム

Ⅱ　カリキュラムの構造と類型 ……………………………………………………… 92
カリキュラムの階層的構造／カリキュラムの全体構造とその類型

Ⅲ　教育課程と学習指導要領 ………………………………………………………… 97
教育課程にかかわる法規／学習指導要領

Ⅳ　カリキュラム・マネジメント …………………………………………………107
「総合的な学習の時間」とカリキュラム・マネジメント／「社会に開かれた
教育課程」とカリキュラム・マネジメント／「学校の組織・経営」とカリキュ
ラム・マネジメント／カリキュラム・マネジメントの課題

第4章　教育の情報化 (115)

Ⅰ　教育メディア活用の理論 …………………………………………………………116
教育メディアの意味／教員とメディアの関係／各種メディアの特性と利用／
教育メディアの分類／教育メディアの選択／デジタル時代における教育メ
ディアの選択と利用／教育メディアの整備／学校で用いられる主なICT機器
の特長

Ⅱ　教育における画像の活用 …………………………………………………………129
画像全般の機能／静止画像の活用／動画像の活用／アニメーションの活用

Ⅲ　学習指導要領の改訂と教育の情報化 ……………………………………………134
ICT活用教育の様態／教育におけるICTの活用場面／アナログメディアと比
較したICTの利点と欠点／ICT活用の意義／ICT活用教育におけるマルチ
メディア教材の設計／教育におけるICT等を導入する視点／ICT活用教育
のポイント

Ⅳ　遠隔・オンライン教育の理論と実践 ……………………………………………147
遠隔・オンライン教育コースの開催手順／オンライン教育の形態

Ⅴ　情報化社会における情報モラルの課題 …………………………………………151
情報モラルの定義と情報モラル教育の範囲／情報モラル教育を進めるポイン
ト／ICT活用における児童生徒の健康面への配慮

第5章　教育における評価 (157)

Ⅰ　教育評価とは何か ……………………………………………………158
　　教育評価＝学力試験ではない／教育改善に必要な情報とその収集／学力試験
　　の副反応とその回避

Ⅱ　集団準拠評価から目標準拠評価へ ……………………………………165
　　「指導要録」の登場と学力競争の萌芽／集団準拠評価と目標準拠評価

Ⅲ　時系列に沿った教育評価 ………………………………………………168
　　診断的評価／形成的評価／総括的評価

Ⅳ　指導要録と通知表 ………………………………………………………171
　　「指導要録」への記載／通知表

Ⅴ　子どもを育てる教育評価への道 ………………………………………174
　　教育測定運動の隆盛とそれへの批判／ポートフォリオ評価／子どもを育てる
　　教育評価

引用・参考文献　179
索引　181

第1章
教育方法・技術にかかわる基本概念と理論の展開

　あることを考える場合，それに関連する概念を明確にしてかからなければ，思考は空転する。こんな例を考えてみよう。2000年代になって，学力低下がマスメディアをにぎわすことが多くなった。しかし，それらの報道でいつも困るのは，「学力とは何か」あるいは「低下させてはならない学力とは何か」が明らかにされていないことである。これでは，問題の解決にはまったく役立たないどころか，むしろ正体不明の不安をあおるだけである。

　このことは教育方法・技術の学習においても同じである。議論しているつもりなのに，議論に出てくる言葉の意味が，その語を使う人によって異なっていたら，議論はすれ違うばかりで結論などみえはしない。そこで，この科目を学ぶために，教育方法・技術に関連するいくつかの基本概念を明らかにしておこう。これらの語の理解は，本テキストを読み進むときはもとより，教育方法に関する別の専門書を読むときにも，また，教員になって教育方法や授業の議論をするときにも有用である。

Ⅰ 教育方法全般に関わる概念

1 教育方法

　教育方法は，広狭二様の意味に用いられる。広義には，人をより成熟させるための教育の手だて全般をさす語として用いられる。すなわち，次のような意味を内包している。

① 教育の目的……何のために教育するのか，何を目指して教育するのか。

② 教育課程（教育の内容）……目的に照らしてどのような内容を選び，どのように系統立て，順序立てて教えるか。

③ 指導の方法……整理された教育の内容をどのような手立て・手順で指導するのか。

④ 指導の条件……指導を有効ならしめるための諸条件をどのように整備するのか。

⑤ 教育の評価……所期の成果が上げられたか否かをどう見極めるか。

　これらをみると，広義の教育方法は，「教育の過程」全体をさす語ということになる。

　これに対し，狭義の教育方法は，具体的な指導場面における指導の方法（前記③）のみを意味する。狭義の教育方法には，「学習指導」と「生徒指導」とが含まれる。それぞれについてはこのあとで詳述するとして，ここでは，この2つの辞書的な意味のみを記しておこう。

① 学習指導……子どもの学習に関する指導

② 生徒指導……子どもの生活習慣や態度に関する指導

　なお，「生徒指導」と同様の文脈で「生活指導」の語が使用される場合もあるが，両者に本質的な意味の相違はないと考えてよい。

2　教授法

　教授法の辞書的な意味は「教え方」ということになろう。しかしこの語にも二様の用法がある。歴史的な用法と，今日やや一般化された用法との2つである。

　歴史的な用法については，グッド（Good, C. V.）がおおよそ次のように述べている。

　①　生徒の特性，教材，学習活動を目的に照らして合理的に順序付けること。
　②　ヘルバルト学派やモリソンらが提唱した，教材を提示する標準的な手順。

　コメニウスやペスタロッチの理論は，上記①に属するものといえよう。なお，教授法という語を歴史的な意味で用いる場合，わが国では，教授理論という語が用いられることもある。

　それに対して，一般化された用法としては，指導場面における指導者（教師）の指導法，教え方を意味する語として用いられる。

　いずれの場合であれ，教授法という語を用いる場合は，「指導者（教師）」の活動に焦点をあてているという点に共通性がある。

　ただし，教授法という語が，子どもの学習を度外視しているなどと誤解してはならない。次節で述べるように，ヘルバルトにせよ，ペスタロッチにせよ，子どもの学習をより効率的に進めるために，教師はどのような指導をするべきかを説いているのである。

　ただ，教授法という語は，その語感から上述したような誤解を招きがちである。そのため，今日では，子どもの学習を前提におくことを強調する意味で，「学習指導」という語が用いられるようになっている。

3　学習指導

　学習指導は，教授法が上述したような誤解を生みがちであることから，つくり出された用語である。すなわち「学習指導」とは，学習の主体である子ども

の学習活動に軸足をおいてする教員の指導活動のことである，といってよい。

　学習指導における教員の活動は，おおむね次のようなものを含むと考えられる。

① 　学習条件の整備……学習環境を整え，必要な教具・資料を整える。

② 　学習目標の提示……これから取り組む学習の目的は何かを明示する。子どもが何のためにその学習活動をしているのかを明示しなければ，子どもは無駄な学習活動を繰り広げてしまう可能性がある。

③ 　課題・教材の提示と指導……学習目標にそってどのような学習に取り組むのか，課題を明示し，また，必要な教材を提示し，必要な指導をする。

④ 　学習方法・スキルの指導……子どもの自主的な学習場面では，子どもに学習の方法について指導しておくことは重要である。「総合的な学習の時間」などでは，子どもの「調べ学習」が重視される。しかし，子どもたちに「自分で調べなさい」と言っても，調べ方がわからなければ子どもは立ち往生するだけである。調べ方，インタビューの方法など，学習の方法にまつわる技能を「学習スキル」と呼ぶ。学習スキルの指導は，教員の重要な責務，学習指導の一環である。

⑤ 　学習支援……子どもの学習の進行状況によっては，教員は指導ではなくまさに支援の立場に立つ必要がある。子どもが自力で解決しなければならない場面では，子どもの学習の進行を見守りつつ，ときに示唆を与えたり，励ましたりしながら，教員はときには我慢強く待つことが必要である。④と矛盾したことをいっているのではない。指導すべきときと支援すべきとき，その選択をするのが教員の仕事なのである。

　なお，最近，学校では「学習指導」に代えて「学習支援」という言葉を使用する例がみられる。支援という語の使用意図は，教員ができるかぎり前に出ないようにしようという点に力を入れているものと思われる。

　こうした考え方の学校において，ときに「指導」を否定する見解がみられることがある。こうなると問題である。

　次の命題（命題とは判断を含む文のこと）の是非を考えてみよう。「大学院

の学生は放っておいても論文を書くことができる」。この命題は正しいといえるだろうか。もちろん，正しくはない。大学院の学生が論文を書くためには，論文のきまりごと，例えば，参考文献の探索，データの集め方，参考文献・引用文献の記し方など，みな学習しなければならないことである。それを指導するのは教員の役割である。同様に，小学校や中学校，高等学校の子どもたちにも，発達段階に応じた学習方法・スキルの指導が欠かせない。

指導を否定し，支援だけを強調するエピソードを紹介しておこう。

教員が子どもの学習指導のために，教室で机の間を巡回することがある。これをかつては「机間巡視（きかんじゅんし）」といった。しかし，巡視の語感が権力的に聞こえるとの意味で，「机間指導（きかんしどう）」という語が使われるようになった。しかし，指導を否定する学校では，「机間支援（きかんしえん）」という語を使用する。「きかんしえん」と聞いて，気管支炎を想起しない人は少ない。これはもはや病気である。「支援ばやりで指導なし」という学校の体勢は誤りどころか，病的といわざるを得ない。

ただし，学習支援そのものを全面的に否定しているのではない。指導と支援のバランスが大事ということである。

4 生徒指導

生活習慣や生き方，態度にかかわる指導を生徒指導という。以前は，生活指導という語が使われていた。しかし，一時，生活指導を標榜する研究会が，特定のイデオロギーと結び付いた偏向した指導を展開したため，文科省は中立的な用語として生徒指導という語を使用することとした。今日，学校では生徒指導という語が使われることが多い。本書でも生徒指導の語を用いることとする。

生徒指導の領域は多岐にわたる。その内容はおおむね以下のようなものである。

① 学業指導……学業指導は，学習指導と違って，学習そのものの内容的指導ではなく，学習習慣の形成を意味する。学業の意義を考えさせたり，予

習・復習の習慣を形成したりするなどの指導が含まれる。

② 社会性指導……様々な人間関係の築き方，社会的規範，社会的義務など，社会人としての成熟をめざす指導である。最近の子どもは，社会性の成熟に多くの課題を抱えている。そのため，自治体によっては，「市民科」「人間関係スキル」などの教育内容を設定し，生徒指導としてだけではなく，学習指導の内容としても社会性の育成に取り組みはじめた。

③ 道徳性指導……社会性指導と一部重なる面がある。倫理観を中核とする指導である。家庭におけるしつけが不十分である現在の日本では，学校が家庭に代わって指導しなければならない。例えば，SNSで見かけることが多くなった，他者を誹謗中傷する言葉の使用がある。これらは単に言葉の問題だけではない。言葉を使う人の人格と品位の問題である。他人を見下す，弱者をいじめるなどの問題行動の根にある道徳性の問題は，生徒指導の重要な課題である。

④ 進路指導……わが国で進路指導というと，子どもの学業成績・適性を考慮して，進路先の学校や企業を決めてやることだと捉えられていることが多い。たしかに，多くの中学校・高等学校における進路指導は，子どもの成績に応じて，受験すべき学校を決める，あるいは成績や適性を考えて就職先を決めるといった指導をしているに過ぎない場合が多い。

しかし，本来の進路指導は，「将来，どのように生きるのか」，「何によって生計を立てるのか」といった将来の生活設計をもとにする指導でなければならないのである。広くいえば「生き方指導」である。子どもの特性を十分に考慮し，その子どもの特性を生かした将来の生き方・生活設計についての指導こそが進路指導である。

近年，いわゆるキャリア教育が提唱されるようになっている。キャリア教育は，まさにここでいう本来の進路指導と同義と考えてよい。誤った解釈による進路指導ではなく，子どものキャリア（生涯にわたる生き方）を子どもとともに考える教育のことである。

本来あるべき進路指導（キャリア教育）では，以下のような指導が不可欠で

ある。

① 様々な職業に関する知識の指導

② その職業に就くための手立てに関する知識の指導（必要な学力・能力・資格・学歴の獲得）

③ 子ども自身に自分の適性や将来の希望を思案させるための指導・支援

こうした指導は，教科の学習の中で行われることもあろう。しかし，教科の学習では，これらの内容を緊密に結び合わせる指導ができないとはいえないまでも，困難ではある。進路指導は，子どもが教科学習で学んだ知識などを総動員しつつ，「自分の生き方を考える」指導領域として設定されている。

ともあれ，学業成績をもとにして，進学先・就職先を決めることが「進路指導」である，という誤解に陥ってはならない。「進路指導」の本質が「生き方指導」であることを忘れてはならないということだ。

5　教育技術

この語は，教育方法にかかわるスキルを意味する。この語の意味と意義とを考えるために，次のことを考えてみよう。

このテキストは，大学・短大等の教職科目「教育の方法・技術」のために編まれたものである。ところで，この科目は，従来，「教育方法」と呼ばれることが多かった。しかし，この科目は，今日，「教育の方法・技術」と例示されている。なぜだろうか。

小学校・中学校・高等学校には，「学習指導要領」という国の規定があって，各教科・領域の内容の概略が定められている。しかし，大学には「学習指導要領」がない。したがって，大学の各科目で何を教えるかは，大学というよりは各科目担当教員が決めていたといってよい。そのため，同じ科目でも担当者が異なると，内容も大きく異なることが少なくない。

「教育方法」は，本来，教職に就いたとき，子どもたちの指導に役立つ知識・技能を教授・学習するための科目であった。ところが，「教育方法」は，教育

方法の学説史として講義されることが多かった。コメニウスはこういった，ルソーはこういった，というような講義である。こういう学習が無意味だといっているのではない。教育方法に関する著名な学説を学ぶことはもちろん重要である。理論は，実際の指導法の意義を明示し，指導法の違いによる効果の相違についても多様な知見を与えてくれるからである。

日々の教育活動では，まったく新しい実験的な試みは別として，実際に教育効果を上げる指導が求められており，試行錯誤は許されない。子どもを実験台にしてはならないということである。先人が築いた理論を学ぶことは，そうした試行錯誤をせずに，相応の教育効果を上げる筋道を示してくれる。このテキストでも，以上のような意義を踏まえて，教育方法の学説を学ぶ節を設けてある（本章の第Ⅱ節）。

ただし，学説を学べば，ただちに効果的な授業が展開できると考えるのは早計である。ことに，誰がどんな学説を唱えたかといったことを単に記憶しているだけですばらしい授業が展開できるなどということはあり得ない。多様な理論が訴える教育方法に関する本質を把握し，その本質を生かした授業を考案し，実践し，その結果を検証するという一連の流れが実際にできなければ，理論を学んだとはいえない。

ところが，前述したように，多くの「教育方法」の授業は，学説史を講じるのみにとどまっていることが多かった。それでは，真に効果的な授業実践のできる教員を育てることは不可能に近い。「教育方法」を「教育の方法・技術」にした理由がここにある。「技術」という語を含めることによって，実践的な力を育てる科目であることを明示したということである。

教育方法の理論をもとに効果的な指導を展開するために，実際の指導場面において求められるスキルを習得することは，教員になるために必須の学習事項である。

少し冗長になることを恐れずに，次のことを考えてみよう。

臨床医は，医学に関わる多様な理論を学ぶとともに，医療に必要な様々なスキルを習得する。ことに，外科医の場合は最も複雑かつ緻密で多様なスキルを

習得しなければ，手術なぞできはしない。内科医であっても注射などのスキルは欠かせない。看護師の場合もそうである。

　教員にも，そうしたスキルは多様にあるのである。例えば，説明や講義のスキルがある。ただ話せばよいというのではない。子どもに理解しやすい話し方，説明の仕方が当然ある。板書もそうだ。思いついたことを書けばよいというのではない。

　発問はどうだろう。わかっているかどうかちょっと聞いてみようというような計画性のない発問をするようでは，専門性の高い教員とはいえまい。

　手を挙げた子どもが答える，その答えが教員の意図したものではなかったようなとき，教員はどのようにフォローすればよいのか。もちろん，臨機応変に対応する必要があるのは確かである。しかし，そこにはなんらかの原則があるはずだ。これを習得することがスキルの習得ということになる。

　教育方法の諸理論を十分に理解し（単に記憶し，覚えるというのではなく），その理論を実際の指導に生かすためのスキル，この両面を身に付けてはじめてプロの教員になったといえるのである。

　「教育の方法・技術」という科目は，教育方法の諸理論とともに，理論を生かすスキルをあわせて修得するための科目として設定されたのである。この科目を履修する学生諸君も，この科目の意義を十分に理解し，教育方法の理論とともに実践的スキルを修得してほしい。

6　指導計画・指導案

　指導計画・指導案は，教育界では広く使用されている用語であるにもかかわらず，ともに厳密な定義をともなった用語ではない。おおむね次のような意味で用いられているといってよい。

　まず指導計画は，教育課程で意図された教育内容を実際の教育場面で指導実践するための計画を幅広く意味する語である。その意味では，指導案もまた一種の指導計画ということになる。

指導案は，通常，１授業時間に関する指導計画を一定の形式にそって書いた文書をさす。その記述内容は時代や地域によって一定するものではない。以下に，標準的な記述内容をあげておくことにしよう。

① 表題（授業実施学年／学級／教科）
② 授業実施（予定）日／時限
③ 授業者（教員名）
④ 単元名（単元とは，系統立てられたひとまとまりの教育内容）
⑤ 単元のねらい・概要
⑥ 児童・生徒の実態
⑦ 単元の指導計画と時間配分
⑧ 本時（授業）の指導計画（本時の目標／学習事項／教員の活動／児童・生徒の活動／使用する資料・教具等／備考／時間配分等）

　以上の内容は，上述したように定まったものではない。あくまでも，比較的よくみられる例としてあげたものである。

　⑦，⑧は，通常，時間（縦軸）と学習事項／教授・学習活動（横軸）とをマトリックスにした表形式で書かれることが多い。しかし，⑧については，表形式のほか，指導の流れをフローチャート形式で書いた教授フローチャートもある（第２章で詳述する）。

　教授フローチャートを書くのは手間がかかるため，目にする機会は少なかろう。しかし，この形式で書かれた指導案は，時間の流れにそって，教員が何をし，児童・生徒がどのような活動をするのかがきめ細かく書かれ，授業の流れを客観的に把握しやすくなっている。次項７で述べるように，授業設計段階の指導案作成では，教授フローチャートは重要な要因となっている。

7　授業設計

　学校の研究授業で指導案を作成し，授業を終えると，授業を省みるために研究協議がもたれるのが一般的である。研究協議では，研究授業の成否が問われ，

次の授業に向けての改善点などが話し合われる。しかし，その研究協議が形骸化している学校も多い。それを顕著に示すのが次の言葉である。

「8つほめて2つけなす」。これは，授業をした教員以外の教員や外部の指導者が授業について感想を述べる際の「コツ」といわれる言葉である。けなし過ぎては授業をした教員がくさってしまうし，ほめ過ぎては授業改善に役立たないということであろう。

しかし，すべての研究授業がこういう観点で評価されてよいはずはない。だいいち，どういう観点でほめ，どういう観点でけなすのか，それが定かではない。授業の成否は，もっと厳密に問われなければならないはずである。ところが，通常の指導計画や指導案には，授業の成否に関する厳密な評価をするための手がかりが十分に書かれていないことが多い。授業設計は，授業の成否を可能なかぎり厳密に検証するための理論であるといってよい。

言いかえれば，授業設計とは，授業終了後に，その授業の成否を厳密に検証しうる指導計画のことである。では，授業終了後にその授業の成否を厳密に検証しうる指導計画はどのようにすればつくれるのか。言いかえれば，どのようにすれば授業を設計しうるのか。これについては，次節で詳述したい。

Ⅱ　教育方法の歴史的展開

教育方法の具体的手順や技術については第2章で取り上げるので，本節では，教育方法について，歴史的にどのような考え方（理論）があったのかを概観しておきたい。

1　「理論」との向き合い方

(1)「命題」という概念
本論に入る前に「命題」という語の意味を確認しておこう。聞いたことはあっ

ても，案外，この語の意味を理解している人は少ないように思う。なんだか，難しそうに思うかも知れない。実際，辞典によってはややこしい説明をしていてわかりにくいこともある。

　しかし，この語の意味は，実は単純である。命題とは「判断を含む文」のことである。単純すぎて拍子抜けした人もいるにちがいない。

　「この木は何という木だろう？」／「明日は何曜日だったっけ？」／「今日の午後，雨は降るだろうか？」。これらの問いに対する答えがすべて命題である。すなわち，「それは栴檀（せんだん）という木だ」／「明日は水曜日だ」／「今日の午後は雨が降りそうだ」，といった文は，すべて命題である。

　3つめの問いに対する答えは，断定はしていない。というかできない。短時間とはいえ，未来に対する予測だからやむをえまい。しかし「雨が降る可能性が高い」と判断しているのだから，命題である。

　なぜ，命題という語の理解が重要なのか。それは，人がものを考える際には，命題を求めるからである。茫洋と考える場合であっても，人は命題を求めるのだといってよい。テレビの自然番組を見ながら抱く「この植物は，なんでこんなへんてこりんな名前なんだ？」という問いは，茫洋としている。茫洋としてはいるが，答え，つまり，命題を求めているから問うのである。その答え（命題）が見つからないこともあろうが，命題を求めていることだけは確かである。

　さて，研究もまた，命題を求めて取り組むものである。研究の場合には，先にあげたような日常の茫洋とした問いではなく，もう少し具体的な意義をもつ，複雑な問いを立てるものである。「なぜ」「どのような（に）」「本当か」などの疑問詞が含まれることが多い（もとより，3つの疑問詞は例であり，ほかにも様々な疑問詞がありうる）。

　「人はなぜ，戦争をするのか」「この問題はどのようにすれば解決しうるのか」「生物の進化はウイルスによって引き起こされているというが，本当か」などなど。

(2)「理論」「定説」とは何か

　理論とは，物事のもつ特性を客観的に捉えたうえで，その物事を取り扱うための複数の命題を，相互に矛盾のないように組み立てた知識体系のことである。なお，物事のもつ特性を客観的に捉える活動が研究である。研究の過程で得られた多くの命題が矛盾なく組み立てられて，1つの知識体系が形成された時，その知識体系を理論と呼ぶ。

　理論は，一度形成されればそれでおしまいなのか。そうではない。重要な理論であればあるほど，多くの人がその理論の正しさを検証しようとする。こうして，多くの検証研究によって正しさが認められるようになった理論を「定説」と呼ぶ。

　ところが，定説もまた，再検証の過程で誤りが正されることがある。したがって，定説と呼ばれたからといって，それに対する再検証が無用となったとはいえない。ということは，定説とされているどのような理論であっても，それは「仮説」なのである。

　定説であっても，再検証は常に必要である。それがなければ，研究や人の知恵は進歩・発展しない。例えば，長きにわたり物理学の重要な理論とされてきたニュートン力学は，アインシュタインの研究によって一部修正される必要のあることが判明した。そのアインシュタインの研究についても，近年，一部修正の必要を指摘する研究が浮上している。「20世紀最大の頭脳」と称されるアインシュタインの理論もまた，検証の歴史の中で，やがて修正されることになるようだ。そのアインシュタイン自身の言葉として知られているのが，次の言葉である。「何も考えずに権威を敬うことは，真実に対する最大の敵である」。

　医学の分野では，遺伝子やウイルスの研究が急速な展開を示している。しかし，この分野においてはまだまだ不明なことの方が多いようである。感染症や遺伝子研究にもとづいて開発されたワクチンに関しても，不明なことだらけである。再検証が必要なことはいうまでもないが，研究者でなくても，自分の健康を考えるうえで，マスメディアの情報を鵜呑みにせず，多様な情報を探し，自分で考えることは必要である。

(3) 理論との向き合い方

　少し長い前置きになったが，教育方法の理論との向き合い方も，上述したことで理解してもらえたと思う。

　教員採用試験では，しばしば，「誰が何という説を唱えたか」といったような，いわば，○×式の問題で教育方法の理論史が取り上げられてきた。その正答を得るためだけなら，人名／理論名を「暗唱」できればよい。その理論がどのような意味をもつものであるかまでを理解する必要はないということになる。しかし，これを暗唱できたところで，教員としての資質向上に何ら役立つことはない。

　理論は暗唱するためのものではない。まずは，様々な理論が提起され，それにもとづいた様々な教育方法に関する実践があったことを知ろう。そして考えよう。この理論でよいのか，もっと別の理論はないのか。多くの教育理論の正しさを証明することが，教員の仕事である。今，目の前にいる子どもたちをよりよく育てるために，この理論でよいのか，どの理論ならよいのか。常にそれを考えながら子どもの前に立ってほしい。以下に述べる諸理論に対しても，そのような心構えで向き合ってもらいたい。

2 「教授中心（注入）」と「学習中心（開発）」

　教育に関する思想史をひもとくと，大きくは2つの概念が対立的に流れていることに気づく。

　1つは「教授中心（注入）」であり，1つは「学習中心（開発）」である。

① 　教授中心（注入）……文字通り教育者が被教育者に知識や技能を教え込むことを中核におく概念である。

② 　学習中心（開発）……学習者自身が，自らがもつ様々な力を総動員して，より正しい理論や問題解決の方法を探り当てることを中核におく概念である。ここでの教育者の役割は，学習者の学習を支援することである。

　言いかえると，教員の教授活動を中核にして考えるか，学習者の学習活動を

中核にして考えるかの相違である。

　これら2つは，人により，時代によって，また，これらの語を用いて教育活動の何を表そうとするかによって，様々な用語が用いられてきた。以下に，ざっとそれらを列挙しておこう。

　　・教授中心　→　注入／言語主義／暗唱主義／系統主義／教師中心主義
　　・学習中心　→　開発／理解主義／経験主義／学習者中心主義

　こうした言葉に出会ったときは，これら2つのどちらの系列に属するかを見極めれば，その意味は理解できるはずだ。

　ちなみに，カリキュラムに関しては，系統カリキュラム（教授中心），経験カリキュラム（学習中心）の語が用いられることが多い。

　まずは，この2つの概念をものさしにしながら，教育方法の理論がどのように展開してきたかをみていくことにしよう。

3　言語主義教育とその可能性

(1)　言語主義（暗唱主義）とは何か

　注入，すなわち，教授中心の立場に立つ教育方法論の代表的な概念の1つに，「言語主義」がある。「暗唱主義」と呼ばれることも多い。

　言語主義というのは，実体や内容に関する子どもの理解を考慮せず，その実体や内容を言語のみによって教え込む教授法ないし教育観のことである。教育方法の観点からは，「暗唱法」と呼ばれることもある。

　「門前の小僧，習わぬ経を読む」のたとえを想起してみよう。（寺の）門前の小僧は，毎日，寺内から聞こえる住職の読経の声を耳にしている。だから，いつの間にか経を暗唱できるようになる。ただし，意味がわかっているのかといえば，そうではない。

　『般若心経』という仏教の経典がある。特定の宗派の経典ではなく，多くの宗派で葬式の折などに読経される。読経の時，参会者に印刷された経本が配られ，僧侶と一緒に読経することが多い。経本は総漢字だが，漢字の横にはルビ

（ふりがな）が印刷されているから，ひらがなの読める頃には，筆者も大人と一緒に，「ぎゃーてーぎゃーてーはーらーぎゃーてーはらそーぎゃーてー」と声に出すことはできた。なんだか，ギャーギャー騒ぐ声のように思われて，「音」はすぐに覚えた。

なかでも最も耳に残った音（言葉）は，「はんにゃはらみった」である。冒頭では「般若波羅蜜多時（はんにゃはらみったじ）」，中間では「般若波羅蜜多故（はんにゃはらみったこ）」，後半になると「般若波羅蜜多呪（はんにゃはらみったしゅ）」となる。

漢字は読めないし，音を聴いても意味などわかるはずもない。ただ，「般若」の面を知っていたから，あの「はんにゃ」のことだろうと思った。すると，「はんにゃはらみった」は，「般若の腹を見た」ということではないか，と考えていたのである。まったくもって的外れな発想だ。

こんな例もある。教員から「馬とは何か」と問われた子どもが「馬とは4足歩行の動物で，その年齢は歯の断面に現れる文様によって知ることができる」と答えた。すると教員は，教えた通りの言葉を暗唱できたのだから「よくできた」とほめる。

さて，この子は「歯の断面に現れる文様」とは何かを知っているのだろうか。見たことがあるのだろうか。また，「馬の歯を見てその馬の年例を推定」することができるのだろうか。この2つに関する知識や経験がないのであれば，この子の回答の後段は，まさに言葉を暗唱しただけで，言葉の意味はまったく理解していないことは明白である。これが言語主義の問題である。

ただ，言語主義教育を完全否定してよいかどうかについては，一考の余地がある。この点に関しては，本書48ページ「様々な教育方法論を統合することの必要性」を参照されたい。

(2) 言語主義の起源と歴史

こんな教育が問題であることはすぐに理解できる。しかし，言語主義教育は，長い歴史をもっている。

教育における言語主義は，いったいどのようにして生み出されてきたのであ

ろうか。一般にはこの方法は，古代ギリシャ，ローマ時代の直接民主制とよばれる政治形態と関連するといわれる。すなわち，直接民主制では，市民は議会において自己の所説を述べて相手を説得する必要があり，そのためには，論構成，言葉選び，演説法等に特別の工夫をすることも必要であった。

そこで，いかに説得力ある弁論をするか，それを習得する学習が必要とされたのである。その弁論の方法を学ぶ科目がいわゆる修辞学（弁論術）である。修辞学はやがて，中世ヨーロッパにおいて大学予備課程（教養課程）の科目として成立する 7 つの基礎科目（「七自由科」と呼ばれた。文法・修辞学・論理学・算術・幾何・天文・音楽からなる）に含まれるようになり，これらの基礎科目がやがて，後の大学における一般教育科目の起源となった。

この修辞学こそが，言語主義教育の発端となったのである。すなわち，修辞学の教育は，大弁論家と称される人々の有名な弁論の記録を「暗唱」することによって行われたのである。

言語主義教育は，ヨーロッパにおけるルネッサンス運動による古代ギリシャ，ローマの回顧，キリスト教における聖書等の暗唱に由来する面もある。ともあれ，このような言語主義による教授法は，やがて初等教育にも広がり，子どもの経験を顧みずに，権威ある人の言葉を暗唱させる教授法に道を開くこととなったのである。

この事情は，ヨーロッパ諸国にかぎらず日本でも同様で，例えば，律令制時代の大学及び国学において，学生の成績は，中国の古典をどれほど暗唱できるかで判断されたのである。近世にいたっては藩校，寺子屋の教育で，また，明治時代の学校教育で，言語主義教育は連綿と続けられてきた。

代表的な 1 つの例は，明治時代の掛け図を利用した教育である。たしかに，実体を表す図は掛けられているが，そこで行われていたのは先の「馬」の例と同様，「形式的な問答」であった。これでは掛け図は単なる飾りものにすぎず，図には示しきれない「物の本質」については，言語で覚え込ませていたのである。教師が教えた言葉をその通りに再生できれば，それでよしとされた。そこには，子どもに思考を促す発想はなかったといってよい。これは明らかに，言

語主義教育であって，経験主義教育ではない。

(3) 言語のみによる経験主義教育

経験主義教育とは，子ども自身による思考，あるいは経験にもとづいて事象の理解をめざす教育のことである。こう書けば，言語のみによる教育であっても，経験主義教育になりうるのではないかと気づかないだろうか。それを考える手がかりとして，明治時代の掛け図教育の様子を描いておこう。

明治時代の掛け図教育で行われたのは，形式的な問答であった。黒板に，掛け図が掛けられている。教師が掛け図に描かれた「桃」をさし，１人の子どもを指名して，「これは何か」と問う。指名された子どもは「もも」と答える。教師は，学級の子ども全員に「今の答えで合っているか」と問う。子どもたちが一斉に「合っています」と答える。教師は，桃の絵をさしたまま，他の子を指名して，「桃とは何か」と問う……。

これ以上は必要あるまい。先に書いた「馬とは何か」と同様の形式的な問答が続くのである。

これが，形式的な問答ではなく，子どもに思考を促すような，真の意味の問答であったら，どうだろう。「真の問答」であれば，言語のみによる教育であっても，注入ではなく，経験主義教育，開発的な教育になりうる，と気づく人もいるのではないだろうか。

では，「真の問答」とは何か。それは，使用する言葉の概念を学習者が理解しうることを考慮しながら進められる問答のことである。先の「馬」の例でいうなら，「馬の歯の断面に現れる文様」という語が何を意味しているのかを，学習者が把握しうるように，説明しながら進められる問答である。

「真の問答」の典型的な例は，古代ギリシャの哲人ソクラテスが，弟子の教育のために行った問答である。

ソクラテスは，弟子の教育において徹底した議論をした。すなわち，ある問題について弟子の考えを聞き，その考えが不十分であれば，不十分である点を徹底的に問い詰める。やがて弟子は，その問題について，まだ究明されるべき点の残されていることを自覚（無知の自覚）し，不足している思考を積み重ね

る。

　この段階を過ぎるとソクラテスは，思考のヒントになるような示唆に富む問いかけを行い，それを繰り返しつつ弟子の思考を深めさせる。その繰り返しによって，弟子は真理に到達する（真理を産み出す），というわけである。つまり，真理を産み出すのが弟子，それを助けるのがソクラテスである。ここでのソクラテスの役割は助産師のそれと同じであるということで，この指導法は「助産術」とよばれた。なお，ひと昔前までは，「産婆術」ともいわれたが，産婆が法令上「助産師」となったので，今は助産術と呼ばれることが多い。

　この方法は，まさに学習者自身の思考と可能性とを引き出す方法であり，学習中心の立場に立った教授法である。すなわち，言語のみによっても，開発教授，経験主義教育は可能であるという例である。

　以上のことから，言語のみによる教育すべてを言語主義と呼ぶのではないことが理解できよう。言語のみによりつつも，学習者に考えさせる教育，つまり注入ではなく，開発の立場に立つ教育を展開することも可能なのである。

4　言語主義に対する批判と経験主義教育

　とはいえ，言語主義教育が，とりわけ，判断力の乏しい小さな子どもたちに対して行われることの危険は，ここであらためていうまでもないであろう。こうした教育に対する批判は，やがて多くの人によって行われるようになる。

　比較的早い時期（16世紀）に言語主義教育を批判したのが，フランソワ・ラブレー（Rabelais, F.）である。彼は全5巻からなる『ガルガンチュワとパンタグリュエル物語』において，言語主義教育の弊害をかなり明確に批判している。ただ，この本は，あくまで風刺文学として書かれており，体系的な教授法を論じているわけではないので，ここでは深入りしない。

　ラブレーの後，17世紀にはコメニウス（Comenius, J. A.），18世紀にはルソー（Rousseau, J. J.），18-19世紀にはペスタロッチ（Pestalozzi, J. H.）らが，言語主義教育の批判と経験主義教育の重要性を具体的に論じるようになった。

コメニウスは，言語主義の教育に対する新しい教育のあり方を体系的に述べることに情熱を傾けた。まとまった教授法に関する本として最も古いものの1つである『大教授学』は，彼のこのような情熱の産物である。

　ルソーの『エミール』も，学習中心の立場に立つ評論である。ただ，必ずしも教授法の視点からの著作でない点は，先のラブレーと同じである。

　ルソーの影響を受けたペスタロッチは，自らが設立し，運営していた孤児院における教育のなかで，非言語主義教育を実践した。この実践は，彼の奉仕の精神に満ちた教育理念とともにヨーロッパ，米国に多大な影響を及ぼした。彼の理論は，折から新しい世紀にむけて新しい教育理念を求めようとする人々に受け入れられて，言語主義教育の長い呪縛が解かれることとなった。

　以下では，コメニウスとペスタロッチの論をもう少し詳しく述べることとしよう。なお，ルソーの『エミール』は，小説風の評論なので，本書では取り上げない。

(1) コメニウスの『大教授学』

　前述したように，言語主義教育に反対する新たな教育について，コメニウスは，系統的な教育書『大教授学』を著した。本書は，教授法にとどまらず，学校教育全般について新しい提案をしている。しかし，ここでは教育の方法に関する理論という側面からのみ，この本の要点をみておくことにしよう。

　コメニウスは，言語主義の教育に対抗して，「事物による教育」を主張する。彼は，事物と言葉との関係について，事物は，身体，実，本質的なものであり，言葉は，衣服，外皮ないし殻のようなものであると述べる。したがって教育は，事物にもとづいて行われるべきものであると主張する。彼の主張の要点はこうだ。

　〈学校は，青少年の教育を何年もの間，弁論技術の習得に費やし，それからようやく自然科学など，事物の学習に進むことを許す。しかし，事物が実態で言葉は衣服のようなものだ。事物も言葉も，人間の認知能力を育てるために必要ではある。しかし，先におかれるべきは事物である。

　ところが，その事物の教育においてさえ，言葉だけで教えてきた。ある事物

について，この人はなんと書いている，あの人はこう言っている， 3 番目の人，10 番目の人はどうか，ということを教えていたのである。

　だから，子どもたちは，学問とは，いろいろな事柄についてのいろいろな人のてんでんばらばらの意見を書き抜いたり，暗唱したりすることだと思い込んでしまう〉

　コメニウスは，このような教育を変えるためには，まず，子どもたちに事物そのものを見せることこそ必要だと主張する。そういう教育を実践するための手立てとして，彼は，事物を描いた絵に言葉を添える形式の本『世界図会（絵)』を作成した。

(2) ペスタロッチの教育論と「直観」

　ペスタロッチは，教育の基礎を「言葉」ではなく，子どもの「直観」におくことを提唱し，それを実践した。ペスタロッチの教育論は，コメニウスの場合と同様に，まず当時の学校の教授法が言語主義に陥っていることに対する，徹底的な批判から生じている。

　ペスタロッチは，人間のなかには生まれつき自然を感得する本性があるのだと考え，それを重視することこそ教育の出発点であると考えた。彼の論の要点は次のようである。

　〈子どもがものを観察したり，考えたりしはじめる時期に，子どもの内面の成熟状態に配慮しない言葉中心の指導が行われる。それが，子どもの望ましい成長を阻害する。どのような命題も，子ども自身が自分の経験にもとづいて，その命題を正しいと判断するのでなければ，その命題が子どもに理解されたとはいえない〉

　このような論をみると，彼が教育における言語主義を排除しようとしていたことがよく理解されるであろう。

　では，彼の教育論の中核におかれる「直観」とはいったい何か。

　生まれたばかりの子どもは，全身で周囲に対峙する。周囲の人や物を観察する。はじめは，周囲に何かあるようだと思ったとしてもそれらを識別できないに相違ない。まさに，混沌としている。しかし，やがて気づき始める。

〈この人は，柔らかい声で話しかけてくれる。また，柔らかい体で自分を優しく抱き，授乳してくれる。もう1人の人は授乳してくれる人より声が低く，自分を抱き上げる時の体の感じが少しごつごつしている。でも，自分には優しくしてくれている〉

この子は，このように周囲の状況を感得していく。そこには言葉はまだ介在しない。では，言葉の感得はどうだろう。

〈周囲の人が何か言っている。今は，自分に向かって何か言っているようだ。何を言っているのだろう〉

やがて，徐々に言葉の音声を模倣する。模倣して声にしてみると，周囲の人がそれに反応してくれる。こうして，言葉の意味や役割を感得していく。感得した言葉は自分の中に知識として定着する。言葉の獲得である。言葉の獲得によって，子どもの知覚の幅や奥行きは広がる。観察と言語とによって外界を明確に捉え，推察する力さえ獲得する。

以上の説明でおおむね理解されよう。直観とは，直（じか）に観察することなのである。観察には感覚がともなう。視覚についていえば「心地よい色だ／暗い／まぶしい」などの感覚が，聴覚についていえば「穏やかな音だ／刺激的で耳障りだ」などの感覚がともなう。味覚・嗅覚は，感覚そのものだ。

ペスタロッチは，直観による子どもの認識は，次の4つの段階をたどって，しだいに明確になっていくと考えた。

① 暗い直観（混沌）……外界の対象が何者であるかまだ不分明。
② 規定された直観（規定性）／外界の対象がイメージ（形象・手触り・におい等の印象）として記憶される。
③ 判明な表象（判明性）……記憶されたイメージと外界の対象とが緊密に結合し，外界の対象が眼前にはなくてもイメージを呼び起こせる。
④ 明晰な概念（明晰性）……外界の対象がいかなるものであるかを言語的に説明しうるほどに理解し，知識として定着させる。

この4段階は，後に述べるヘルバルト（Herbart, J. F.）の「教授段階論」に大きな影響を与えた。しかし，その話に入る前に，教育史に大きな足跡を残し

た「新教育運動」について述べたい。

(3) 子どもの生活と学習──新教育運動の興隆

　ペスタロッチの教育論は，彼の実践における奉仕的精神とともに，ヨーロッパ社会，さらには米国に広くその影響をもたらすことになった。彼は貧しい子どもたちが悪臭を放つ教室に入れられて，形式的な教育を受けている様子にひどく腹を立てていた。ペスタロッチの教育論の根底にあるのは，そのような状況から子どもたちを解放し，真の人間教育をしたいという願いであった。ペスタロッチがめざしたのは，子どもの人格の確立とともに，子どもの福祉を忘れぬ教育であった。

　19世紀末，20世紀初頭のヨーロッパ社会は，貴族と金持ちを別にすれば，貧困層の人権は軽視されがちであった。そうした社会の改善をめざす機運の高まりが，教育関係者に刺激を与えないわけはなかった。その時，彼らが求めた理論と実践の1つがペスタロッチの教育であった。

　貧しい子どもたちが幸福に暮らすことができる教育を求める社会の空気は，大きなうねりとなった。そこでめざされたのが「新教育」であり，そのうねりが「新教育運動」である。

　新教育運動が担った役割には，大きく次の2つがある。

　①　子どもの基礎学力（読み・書き・算）の育成

　②　貧困層の生活の向上

　①については，コメニウスやルソー，ペスタロッチ流の，感覚や子どもの経験を重視した教育が強調された。②については，社会生活において必要とされる知識・技能の教育がめざされた。

　同様の動きは米国にも広がり，次に述べるデューイ（Dewey, J.）の思想に導かれつつ，進歩主義教育（progressive education）と呼ばれて発展を遂げることになった。

　進歩主義教育とヨーロッパにおける新教育とには，明確な相違があるわけではない。あえていえば，進歩主義教育においては，上記②は主要な目的ではなかった。当時の米国は新興国であったため，富裕層・貧困層が明確に分化して

はいなかったからである。

(4) デューイの進歩主義教育論

デューイは，学校は子どもたちに知識を注入するのではなく，子ども自身が自らの「経験」をもとに学べる場にすべきだという。その意味から，デューイの教育論は経験主義教育と呼ばれる。コメニウスも，ペスタロッチも，言語的な注入ではなく事物の観察ないし直観を教育の出発点にした。その点からみるかぎり，デューイの教育論は，コメニウス，ペスタロッチの教育論の流れをくんでいるといってよい。

ただ，コメニウス，ペスタロッチが「知覚」という経験に重きをおいたのに対し，デューイは「為（な）すことによって学ぶ（learning by doing）」，つまり子ども自身の doing（行動による経験）に重きをおいた点に若干の相違があるということはできよう。

この教育論を実現するために，デューイが案出したのが「問題解決学習」である。

問題解決学習は，子どもの目の前にある「解決すべき課題」の解決策を求めることによる学習という意味である。問題解決学習は，彼のいう「内省的思考」（refrective thinking）をもとにする学習を意味する。この語は，反省的思考と訳されてきたが，日本語の「反省」は，自分の非を改めようとする情動を意味するから，本来の意味と若干異なってしまう。内省は自分の内面と対話しつつ熟考することであり，デューイの趣旨により近いと考えられる。

さて，内省的思考にもとづく問題解決学習は，次の5つのステップからなるとデューイはいう。

① 自分のもつ知識や経験では解決の難しい問題に直面する。
② 直面する問題を正確に把握し，分析する。
③ 直面する問題解決について，複数の仮説を立てる。
④ 分析と総合とを繰り返し，有力な仮説を選定する。
⑤ 吟味に耐え，選定された仮説を，実験や観察によって検証する。

この過程で産み出され，⑤で吟味した仮説が，検証に耐えた場合は，問題解

決の有力な仮説であるとし，この一連の過程を終了する。もし，⑤で選定された仮説が検証に耐えなければ，②ないし③，あるいは④に戻り，そこからやり直す。

　以上の過程は，科学研究の過程そのものである。幼少期の子どもにとって，この過程による問題解決はかなり難しい。研究の過程を習得するためには，そのための手ほどきがいる。大学生であっても，いや大学院生であっても，論文の書き方の指導なしに論文を書くのはそれなりに難しい。まして，小・中・高の児童・生徒ならなおさらのことだ。

　PISA型学力が重視されるようになって，子どもの自律的学習が重視されるようになった。しかし，それを進めるためには，そのための適切な指導・手ほどきが不可欠である。「支援」だけではなく「指導」を欠いてはならない。必要な指導・手ほどきを与えた後に，子どもが自律的学習に取り組むようになったら，教員は後方支援に回ってよい。ただし，子どもが立ち往生してしまったときは，迷わず指導に戻って，その時に必要な指導・手ほどきをしなければならない。

　結局，デューイの問題解決学習は，こうした教員の「指導法」に光が当てられなかったために，理論としての影響力はもったものの，実践においては必ずしも成功したとはいえなかった。

(5) キルパトリックによるプロジェクト・メソッド

　この問題の解決に取り組んだのが，キルパトリック（Kilpatrick, W.）である。彼は，デューイの問題解決学習を実践に移す方策，すなわち指導法を考案し，実践した。これが，「プロジェクト・メソッド」であり，問題解決学習のひとつの具体像となった。

　ここでいうプロジェクトは，学習者自身の課題意識にもとづいて，その課題解決に取り組む活動を意味している。ここで重要なポイントは，課題は教員が設定するのではなく，子ども自身に設定させる点である。それがあるからこそ，子どもは，自らが学習活動の主体でなければならないとの自覚をもつのである。言いかえれば，「学習活動に内発性が与えられる」のである。

彼は，プロジェクトの遂行過程を，次の4つの段階として設定した。なお，（　）内は，それぞれの段階において，教員が指導すべきポイントである。

①　目的及び課題を選択・設定する。（目的・課題は子どもの適性に見合っているか，易しすぎないか，難しすぎないか）

②　目的遂行・課題解決のための活動計画を立てる。（活動計画は課題解決のために適切か，落ちはないか，実行可能か）

③　その計画を実施する。（計画は順調に進行しているか）

④　活動中の自己の進歩及び最終結果を評価する。（この活動から何を得たか，得られなかったことは何か，次に向けて何が必要か）

プロジェクト・メソッドは，米国内で一定の成果を上げ，デューイの教育論とともに，大正期の日本にも大きな影響を与えた。この動きは，大正新教育運動（大正自由教育運動）と呼ばれ，喧伝された。しかし，日本では，一部の私立学校及び一部の師範学校付属学校に取り入れられたものの，公立学校に導入されることはなかった。当時は，国定教科書による教育が柱であり，公立学校に教育の自由は保障されていなかったからである。ただ，綴り方（作文）には国定教科書がなかったから，「綴り方教育」として新教育の思想と方法を導入した事例はある。

5　進歩主義教育批判と本質主義の台頭

進歩主義教育は，19世紀後半から20世紀にかけて台頭し，20世紀初頭に隆盛をみた。ところが，1930年代ごろより進歩主義教育に対する批判がみられるようになる。進歩主義教育に反対する人々の言い分はこうだ。

〈子どもの自主的学習，経験を重視するということは，子どもの興味・関心によって学習内容が決まるということだ。これでは，子どもが成熟した大人になるために必要不可欠な知識や技能をまんべんなく修得する機会が保障されない〉

要は，学力の低下を招くということだ。

　基礎学力とは何かについては，「読み・書き・算（国語，算数)」と答えて，おおむね合意が得られるだろう。ある著名な英文学者は，基礎学力とは何かと問われ，こう答えたそうだ。「１に国語，２に国語，３，４，５，６，……ず〜っとなくて，10に算数」。多くの子どもは母国語で思考する。言葉なしで思考を整理し，新たな発想を生み出すことは難しい。

　しかし，社会人になるために必要な学力ということになると，時代や地域によって，また論者によって多様な意見が交錯する。進歩主義教育反対論者は，経験に重きをおく教育では，数学や理科（自然科学）の学力が育たないと主張することが多かった。彼らの掲げたスローガンは〈essentialism〉であり，日本では本質主義と訳されている。essence は，ある事物に付帯する，欠けてはならない本質のことである。教育・学力の本質を忘れるなとの主張である。

　1930年頃から顕著になった進歩主義／本質主義の論争は長く続いたが，スプートニク・ショックによって，本質主義の優勢が鮮明になった。

　当時，米国とソ連とは，人工衛星打ち上げ競争でしのぎを削っており，米国は自国の優勢を疑わなかった。ところが，1957年，ソ連は前触れなく人工衛星「スプートニク」を打ち上げ，これに米国は大きなショックを受けた。これがスプートニク・ショックである。

　本質主義を主張する人々は，進歩主義教育が，子どもの学力，特に理数の学力低下をもたらしたのだと主張した。これを契機に進歩主義教育は大きく後退し，特に，1960年代は本質主義による教育が推し進められた。この動向は「教育の現代化」と呼ばれた。

　ところが，その過程で学校教育に不適応をおこす子どもが増えた。理数の詰め込み教育が増えたことに対する反動である。1970年代になると，米国では，そうした状況を改善しようと，「学校の人間化」(humanizing school) の旗印のもと，人としての子どもを大事にする学校への転換がめざされるようになった。もとより，進歩主義教育に戻ったというわけではないが，詰め込み教育の見直しが図られたわけである。

6 経験主義と系統主義

進歩主義と本質主義の論争は、教育方法上の論点よりは、教育内容、つまり教育課程（カリキュラム）に関わる論点がより大きかった。つまり、教育内容は、次の2つのどちらを重視して編成すべきかの論争であったといってよい。

① 進歩主義……教育内容は、子どもの「興味・関心・経験」を基礎にして、教員と子どもとで作り上げるべきである。

② 本質主義……教育内容は、社会生活における必要な知識・技能を選択設定し、系統的に編成すべきである。

このような観点から両者の主張の相違をわかりやすく表すために、①を「経験主義」、②を「系統主義」と呼ぶようになった。

このように整理すると、両者は単に対立する概念としてではなく、それぞれに一長一短のあることが理解されよう。

つまり、「経験主義」を重視した場合、社会人として必要とされる知識・技能の獲得は保障されるのか。また、「系統主義」を重視した場合、子どもの興味・関心・経験が軽視され、子どもの学習意欲は低下するのではないか。

経験主義と系統主義への向き合い方は、「あれか、これか」ではなく、「あれも、これも」といった観点に立ち、そのバランスや組み合わせ方を議論の焦点にする必要がある。

7 教授活動への注目と教授段階論

(1) ヘルバルト派の教授段階論

前述の通り、進歩主義と本質主義との対立は、どちらかといえばカリキュラム論争であったから、教員の教授活動に光が当てられたとはいいがたい。そうした意味では、時代は少しさかのぼるが、ヘルバルトとその弟子による教授段階論を見直すことにも意味がありそうだ。

ヘルバルトは、教授とは新しい概念を子どもに確実に伝え、子どもがすでに

内面化している概念と結び付けることであると述べた。そして，学習者に即してその過程をみれば，次の4段階になるという。「学習者に即して」という言葉から理解されるように，ヘルバルトの4段階論は，教員の教授活動段階ではなく，子どもの認識過程の段階を明らかにしたものである。すなわち，教員の教授活動は，子どものこのような認識の過程を考慮して行われるべきだというのがヘルバルトの主張である。

彼が主張した4段階は，以下の通りである。

① 明瞭……学ぶべき事柄を明瞭にする。

② 連合……明瞭になった事柄をすでに習得した事柄と合わせて考える。

③ 系統……連合した事柄を体系化する。

④ 方法……①～③の過程で得た事柄の知識を他の事柄に応用する。

子どもの認識の深まりは，すでにペスタロッチも述べていた。ヘルバルトの教授段階論は，ペスタロッチの影響を強く受けたものであるといえよう。

また，ヘルバルトの弟子のライン（Rein, W.）は，ヘルバルトの段階論を改編して，教員の側からみた段階論を唱えた。ラインの教授段階論は，以下の通りである。

① 予備……新たな概念とこれに関連するすでに内面化されている概念とを整理し，新たな内容を受容する態勢をつくる。

② 提示……新たな概念を提供する。

③ 比較……新たな概念と既有の概念とを結び，比較対応させる。

④ 概括……新たな概念を既有の概念の体系の一部として位置付ける。

⑤ 応用……形成された新たな概念を生活上に応用させる。

このようにラインは，従来，学習者中心に考えられてきた認識の段階論を，教員の活動の視点で再構成したのである。

なお，ヘルバルトには，もう1人ツィラー（Ziller, T.）という弟子がいて，彼もまた5段階論を唱えた。彼の論は，ヘルバルト同様，認識の過程論である。ヘルバルトからツィラーを経てラインの教授段階論が生まれたのであるから，これら3人の段階論を総じて「ヘルバルト派の教授段階論」と呼ぶ。

(2) オコンの教授段階論

　教員の教授活動に光を当てた理論として，ポーランドの教育学者オコン（Okon, W.）の教授段階論も取り上げておく必要がある。オコンは，教員，生徒，教材を教授過程の3要素と呼び，そのなかで教員に中心をおく研究を進めた。

　このような問題意識にもとづいて，彼は「科学的な道筋」にしたがって知識を教授する方法を探究した。ここでいう「科学的な道筋」が教授の段階系列である。

① 教材を秩序立てる。

② 新たな教材を子どもたちに伝える。

③ 教材として取り上げた物事の一般的性質を知らせる。

④ 教材に含まれる知識・技能を定着させる。

⑤ 教材の学習過程で獲得しつつある能力を発達させ，習熟させる。

⑥ 教材で学んだ理論を実践と結合させる。

⑦ 結果を点検評価する。

　以上は，教授の手順を表している。ただし，④〜⑥の過程においては，子どもに能動的に思考させ，実践させることを重視している。教員の活動として記述されているものの，けっして，子どもたちをおきざりにしない配慮がなされていることを忘れてはならない。

(3) 教授段階論の問題点

　ラインにせよ，オコンにせよ，教授の段階を設定して教員の活動を導こうとする意図は望ましいものであろう。しかし，どちらの場合にも問題がある。すなわち，このような教授の段階を設定すると，しばしばそれが定式化し，教授における教員の活動を規制してしまうという問題である。定式化した教授は子どもの思考や活動に臨機応変の対応ができないという問題を生みやすい。

　生きた子ども，多様な特性をもつ子どもを対象にした教育活動では，図式通りの手順を知っているだけでは，子どもたちの学習活動に対応できない。

　「こういう説明をすれば，子どもはそのことを理解するに相違ない。そこで，子どもにそれに関して発問をしよう」。そう計画していたとしても，多くの子

どもが，前段の説明をまったく理解していないなどということもありうる。

　教授段階論は，定式ではない。一見すると，なるほど，こうすればよいのだな，という定式にみえる。しかし，生きた子ども，多様な特性をもつ子どもを前にした教育活動は，定式通りには進まないことも多い。

　大事なことは，教授段階論の本質を理解することだ。教授段階に関する暗唱主義的な理解をしても役立たない。暗唱主義の教員採用試験対策をしただけで教壇に立ってもうまくいかないのである。

　大学・大学院で外科手術の知識・技能を獲得しただけの新米外科医が手術で立ち往生することはよくあると聞く。生きた人間は定式で想定されている通りとは限らない。定式の本質の理解があってはじめて，状況に応じた適切な行動が取れるのである。

Ⅲ　教育の現代化と新たな教育方法論

　米国において，進歩主義教育の批判に始まった本質主義の台頭を「教育の現代化」と呼ぶことはすでに述べた。

　教育の現代化は，やがて教育方法に関しても様々な理論や実践を産み出すこととなった。以下では，それらについてみていくこととしよう。

1　視聴覚教育──情報機器の活用

　20世紀は，機械文明が急速に発展した世紀である。その根は産業革命の時代にある。産業革命の時代は，物を作るための機械が考案され，改良された。19世紀後半になると，その流れは情報機器の開発と改善に向かうこととなった。19世紀後半は，メディア爆発の時代と称されることがある。スライド，映画，レコード，電話などが相次いで開発された。20世紀に入ると，これらのメディアは相次いで学校教育に取り入れられるようになった。

こうしてコメニウスやペスタロッチらが提唱した感覚や経験を重視する教育は，徐々にヨーロッパ社会の教育に浸透していった。そこに，静止画や動画，音声の記録・再生・投影などの技術が登場した。言語主義教育の克服をめざしていた教育関係者が，こうした新しいメディアに目を向けるのは当然である。

特に20世紀の米国は，経済的発展にともなって，新しいメディアの学校への導入が盛んになっていった。20世紀初頭には，学校におけるスライドの活用が進み，スライドの共同活用をすすめるため，スライド・ライブラリーが設置されるなどの動きもみられた。

さらには，レコードや映画の学校への導入も盛んになっていった。なお，静止画や動画，音声の記録・再生・投影にかかるメディアは視聴覚メディアと呼ばれ，視聴覚メディアを利用する教育を視聴覚教育と呼ぶようになった。今，その詳細を述べる余裕がないので，興味のある諸君は，web上の用語解説や書籍等を参照してもらいたい。

2 教育工学——教育活動におけるオートメーションの発想

(1) テスティング・マシン

一方，視聴覚教育とは別に，産業革命からの流れに連なるとみられる興味深い事例が生まれた。学校教育へのオートメーションの導入である。

オハイオ州立大学の心理学教授であったプレッシー（Pressey, S. L.）は，自動的に試験問題を提示し，学生がその答えを打ち込むと，試験終了と同時に学生の答案が自動的に採点されているテスティング・マシンを開発した。この機器の第一の機能は，「自動採点」というべきであろうが，問題提示の機能もあわせもつので，テスティング・マシンという名称を誇大ということはできまい。

図1-1のように，試験を受ける学生からみて左側には試験問題を印刷したロール紙を納める筒型の本体があり，右側には解答を打ち込む押し下げ式のハンドルを納めた箱状の本体がある。左右の本体は，結合されている。

学生は，筒型の本体に提示される問題を読む。解答は4択（後に5択になっ

たらしい）で、問題の解答を「A」であると判断した場合には、学生は A のハンドルを押し下げる。ハンドルを押し下げる、つまり、解答が終わると同時にロール紙が回転し、次の問題が提示される。

この時、学生の解答の正誤は、機械によってただちに記

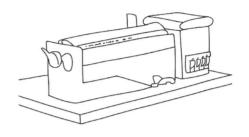

図1−1 プレッシーが考案したテスティング・マシン

録され、カウントされる。これを繰り返して、最後の問題への解答が終わると同時に採点も自動的に終了しており、教員にとっては採点の手間が省けるというわけだ。また、ハンドルを押し下げないかぎり次の問題が提示されないということは、学生が自分のペースでじっくり考えて解答することができるということでもある。

単純な発想のように思われるが、これが、後にスキナー（Skinner, B. F.）によって開発されたプログラム学習につながるということを知れば、重要な意味をもっていたことが理解されよう。

(2) スキナーによるプログラム学習とティーチング・マシン

1950年代になってから、スキナーがこのテスティング・マシンに目を向け、自動学習機（ティーチング・マシン）として利用することを思い付いた。彼は、この機器（というより道具のイメージだが）を利用するにあたって、理論的にもこの機器の利用が学習指導の個別化に有効であることを明らかにしたのである。いわゆるプログラム学習の理論である。

プログラム学習は、スキナーの動物実験にもとづく学習理論を体系化したもので、学習成立の過程を心理学的に明らかにし、その効率を高めようとするものである。

スキナーは、学習とは行動の変容であると捉える立場に立って、行動の変容をいかに効率よく引き起こせるかを考える。

彼の考えはこうである。生物がなんらかの行動（反応）を起こした時，それに対する結果が環境の変化となって現れる。その変化は，生物になんらかの影響を与え，その結果，生物の行動変容が起きると考えたのである。

ところで，生物の行動に対して環境からその生物に与えられる影響（フィードバック）が，その生物にとって心地よいものであって，同様の行動を繰り返させるようなものである場合には，これを正の強化要因と呼び，逆の場合は，これを負の強化要因と呼ぶ。学習を効率的に行わせるには，この正の強化要因を与えるか，負の強化要因を取り除いてやればよいというわけである。

スキナーはさらに，強化を効率的に行うためには，次のような条件が必要であるという。

① 強化は，反応の直後に与えられるべきである。

② 強化しようとする反応と強化とが正確に対応していなければならない。

③ 強化の回数は十分に多くなければならない。

このような理論にもとづいて，スキナーは学習指導の効率化のためには，設定された目標（達成されるべき行動のこと。したがって，プログラム学習や教授工学では，目標とすべき行動という意味で目標行動と呼ぶ）に向けて，綿密に構成され，細分化された教材を連続して提示し，学習者はそのつど求められている反応をし，その反応が要求されている反応であったか否か，すなわち，正しい反応であったかどうかについてのフィードバックが学習者に与えられるという手順で学習が進められればよいと考えた。

こうした理論をもとに，スキナーはプログラム学習の必要条件として，次の5点を挙げている。

① スモール・ステップ……教材が内容の論理にしたがって，細分化されて順序よく配列されている。

② 積極的反応……ステップごとに学習者は反応を要求される。

③ 即時確認……学習者の反応に対しては即座にフィードバックがなされ，学習の正誤確認をすることができる。

④ 自己ペース……学習者の個別の進度で学習を進める。

⑤　学習者検証……プログラムは，学習者の実際の学習によって修正される。

スキナーは，さらに，プレッシーのテスティング・マシンを，プログラム学習用に応用することを考案した。確かに，テスティング・マシンのプログラム学習への応用は大いに意味のあることである。

なぜなら，プログラム学習は，個別学習としてならともかく，一斉学習として行うことはできない。学習者の反応速度は異なっており，そのつど，教員が即時にフィードバックを与えるということは，ほとんど不可能だからである。

その点，個々の学習者に機器が与えられていれば，学習者は自分のペースで機器と対話しつつ学習を進めることができることになる。このように考えてスキナーは，プレッシーのテスティング・マシンを改良し，ティーチング・マシンを開発したのである。

スキナーのティーチング・マシンは，プレッシーの場合と異なり，出される問題が彼の学習理論にもとづいて綿密にプログラム化されている（プログラム学習の名はここに由来する）点，学習者の反応は，正答ボタンを押すのではなく，学習者自身が答えを記入する点，答えを記入したら学習者が機器のハンドル等を操作すると正答が提示されてから次の問題が出てくる点，などの相違がある。

プログラム学習は，機器ではなく，図書型教材でも可能である。この場合，プログラム学習のための図書型教材をペーパー・マシンと呼び，特にスキナーの理論にもとづくものは，プログラムド・テキスト，プログラムド・ブックなどと呼ばれる。

(3) クラウダーのプログラム学習とティーチング・マシン

スキナーの学習プログラムは，学習者が小さなステップを徐々に進み，そのつどフィードバックを受けて学習を確認し，学習を成立させようとする（このように強化を繰り返して学習の成立を図ることをシェイピング（shaping）という）。したがって，そのプログラムは，ちょうど1段1段の歩幅を非常に小さくした階段のように一直線上に進む構成になっている。そのため，スキナーの学習プログラムを，特に直線型（リニア）プログラムと呼ぶ。

これに対し，クラウダー（Crowder, N. A.）は，学習者の反応の多様性を重視し，異なった反応に対しては，異なったコースを用意して学習の個別化をいっそう確かなものにしようと考えた。そのため，学習プログラムは，学習者の反応にしたがって枝分かれすることになる。このようなプログラムは，分岐型(ブランチング）プログラムと呼ばれる。

　クラウダーの学習プログラムは，回答時に学習者の選ぶ選択肢に応じて提示される情報が異なったものになる。そのため，学習プログラムはスキナーの学習プログラムに比して複雑である。

　クラウダーは，彼の理論を実践するために新しいティーチング・マシンも考案した。クラウダー型のティーチング・マシンは，複雑な学習プログラムに対応するため，スキナー型のティーチング・マシンよりかなり大型となった。

　なお，クラウダーの学習プログラムに対応するペーパー・マシンは，スクランブルド・ブック，ないしチューター・テキストと呼ばれる。

(4) プログラム学習の意義と課題

　プログラム学習の最大の意義は，学習指導の個別化・効率化であろう。

　一方，課題もある。プログラム学習が効果を上げるためには，学習プログラムが緻密な検討のもとに理論的かつ精緻に組まれていなければならない。ことに，分岐型プログラムの場合には，予測される反応の多様性についてもあらかじめ検討されている必要があり，それに対するフィードバックにも工夫が必要である。さらに，組み上げられた学習プログラムは，学習者検証の原理で述べられているように，常に適正を期して改編されることも必要である。

3　発見学習

　1960年代の教育界において，米国の心理学者ブルーナー（Bruner, J. S.）の与えた影響の大きさは，実際の彼の業績がどれほど正確に理解されたかは別にして，衝撃的なものであった。ブルーナーの業績は，実際，理解しにくいものである。大まかにいって，その業績は，カリキュラム論と教育方法論の2つに

関するものである。いわゆる教育の現代化運動におけるカリキュラム論では，学問中心型カリキュラムと呼ばれる，新たな視点を提示したものと捉えられる。

　一方，本章に関係の深い教育方法論では，発見学習を理論的に解明しようとした。実際には，彼のカリキュラム論と教育方法論とは密接なつながりを有するものであり，切り離して論じてはならないであろうが，ここでは本章のねらいにそって，彼が解明しようとした発見学習についてみていくことにしよう。

　発見学習という考え自体は，とりたてて新しいものではない。いわば，子どもの経験を中核に据えた方法の系譜に属するものであり，すでに述べた問題解決学習とよく似た方法である。ただ，問題解決学習においては，解決されるべき問題は，子ども自身によって見つけ出されることが原則であり，したがって，その問題は地域社会や日常生活に関する子どもの経験が取り上げられる。それに対し，発見学習では，学習されるべき内容は学問や文化の基本的構造に関するものであり，したがってここでは，当然，ある程度の問題の枠があらかじめ用意されている必要がある。すなわち，カリキュラム論と教育方法論とが密接に結び付いているということである。

　つまり，発見学習とは，学習者が，科学的概念や法則について，それを結果として学ぶだけではなく，自らがその発見の過程に参加することによって，発見的に学ぶことを企図した方法である。つまり，ブルーナーの考えでは，学習も研究も基本的には同じプロセスをたどるのであり，学習者が研究の過程をたどることによって，概念や法則発見の筋道を学ぶことがその意義であるということになる。

4　有意味受容学習

　オースベル（Ausubel, D. P.）は，ブルーナーが発見学習を強調しているのに対し，学習者が受容的に意味を把握するような学習についてもその意義を見直した。彼は，言語的な学習素材に関して，2つの軸を提起した。1つは，機械的な学習（言語主義的ないし暗唱主義的な学習）と，意味を明確に把握しう

る学習という軸，もう1つは，発見的な学習と受容的な学習という軸である。これによって学習は，次の4つに分類される。

① 機械的発見学習
② 有意味発見学習
③ 機械的受容学習
④ 有意味受容学習

すなわち，言語的な素材を扱い，かつ受容的な学習であっても，それが有意味（meaningful）な学習（有意味受容学習）であれば，効果的な学習になる，と考えたのである。オースベルは，有意味受容学習が効果的な学習であるためには，次の3つの条件が必要であるという。

① 学習素材が論理的に意味があること。
② 学習者の認知構造の中に，学習素材に関連する観念を有すること。
③ 学習者が有意味な学習をするという構えをもつこと。

特に②に関して，オースベルは，「先行オーガナイザー」という概念を提示している。先行オーガナイザーとは，学習すべき内容に関連のある整理された情報のことである。つまり，学習の初期に，新しい学習を受け入れやすいように，学習者に先行オーガナイザーを提示し，それを子どもが受容することによって，学習がスムーズに進む，というわけである。言いかえれば，先行オーガナイザーは，学習者が新しい学習内容をスムーズに受け入れるための思考の枠組みのことである。

オースベルは，発見学習など，子どもの積極的学習活動を基礎に据えた学習の優れた面を否定しているのではない。その意義を認めつつ，多量の言語的学習素材を扱わなければならない学習の少なくないことを考慮して，有意味受容学習の意義を提起したのである。

5　教授工学の成立

すでに述べたように，教育において印刷メディア以外の各種の情報メディア

を活用しようとする動きは，19世紀後半より徐々に広がっていった。これがいわゆる視聴覚教育の理論と実践であった。

　ティーチング・マシンを利用するプログラム学習も，機器を利用するという意味では視聴覚教育に類似している。しかし，視聴覚教育には，コメニウスやペスタロッチ流の学習者の直観，心理学の用語では感性的認識に基礎をおくという理論が背景にあるのに対し，プログラム学習は，必ずしも感性的認識にもとづくものではない。その意味で，プログラム学習は，視聴覚教育とまったく同じ概念とはいいがたい。

　今日，プログラム学習と視聴覚教育とを共に含む概念としては，教育工学ないし教授工学という言葉が用いられている。この場合，教育工学が教育のあらゆる営み（例えば，学校経営や教育行政など）に適用されるのに対し，後者，すなわち教授工学は，教授・学習過程に関わる事柄のみに適用される。本書は教育方法の専門書なので，以下の論述では，教育工学ではなく，教授工学の語を使用することとしたい。

　教授工学という言葉がはじめて文献の中に現れたのは1960年代になってからである。現在，これらの言葉は，ごく一般的に利用されるようになっており，その定義もほぼ固まりつつあるといってよい。すなわち，機能的な側両から定義すれば，教授工学とは「教育を効率的に進めるために，教授学習活動にかかわる様々な要因を制御し，最適化する」ということになろう。

　教授工学は，前述したところからも理解されるように，今日では必ずしもプログラム学習に限定される概念ではない。日本の学校教育の風土が，学級を単位とする一斉学習によって進められることの多いことから考えても，プログラム学習に力点をおいた教授工学が得策でないことは理解されよう。教授学習活動全般の効率化を担う概念としての教授工学こそが重要なのである。

　教授工学の流れをくんで，授業実践をより効果的・能率的に，つまり効率的に進める方法として編み出されたのが，授業設計の概念と方法である。

　「授業設計」という用語の意味に関しては，本章第Ⅰ節で触れた。次章では，その具体的な意義とともに，実際に授業を設計する手順等に関して解説してい

くこととする。

演習問題

1．教育実践において理論ははなぜ必要なのかを，自分の言葉で説明しなさい。
2．言語主義教育には多くの問題点が指摘される一方，利点もある。言語主義教育の問題点と利点とを整理して述べなさい。
3．経験主義教育には多くの利点が指摘される一方，問題点もある。経験主義教育の問題点と利点とを整理して述べなさい。

読書案内

〇三枝孝弘・平沢茂（編著）『教えることと教え方』（講座・学校学／第3巻）
第一法規 1988
　急激な時代の変遷に取り残されないために，学校はどうすべきかを考えるシリーズの1巻として，教育方法の観点でまとめられた文献。現代においても重要な多くの示唆を与えてくれる。

〇長尾十三二・原野広太郎（編著）『教育学の世界名著100選』学陽書房 1980
　教育学の古典的名著を網羅し，概説している。個別の文献に当たる前の読書案内として活用されるとよい。

第2章
授業設計と授業の実践

　社会の変化や子どもたちの多様化にともない，学校や教師が担うべき役割・
責任はますます拡大する傾向にある。しかし，教師の仕事の中核に「授業」が
あることは，いまさら確認するまでもないだろう。本章では，授業の設計と実
践にかかわって押さえておくべき考え方と，具体的な指導技術についてみてい
く。第Ⅰ節では，様々な教育方法論を統合する枠組みとしての「授業設計」の
考え方，とりわけ目標設定の重要性について解説する。第Ⅱ節と第Ⅲ節では，
授業展開において子どもの意欲を引き出す指導技術を整理し，それらが実際の
学習指導案の中に取り入れられている様子を確認する。そして第Ⅳ節では，「組
織づくり」という観点から，子どもの学習を効果的・効率的に進めていくため
に編み出されてきた多様な組織形態の工夫について解説する。

I 授業の設計

1 授業設計とは

　授業設計とは，授業終了後にその成否を厳密に検証することを可能とするように策定された授業計画のことである。別の言い方をすると，授業設計とは，「授業を仮説と考えて策定された授業計画」と言うことができよう。では，授業設計の意義は何だろう。大きくは，次の2点がある。

(1) 仮説としての授業

　まず第1に，厳密な授業評価を可能とするということである。

　第1章において用語として解説したように，研究授業後の「研究協議」では，授業の成否が協議される。しかし，そこでの授業評価は厳密でない場合が多い。つまり，当該授業の目標が達成されたのか否かという，最も肝心な内容が曖昧に放置されることが多いのだ。これは，つまるところ，綿密な授業設計がなされていないためである。

　では，仮説としての授業は，どのように設計するのか。少なくとも次の3つの要素が含まれていなければならない。

①　学習者の特性……学習者の特性<X>の分析的把握

②　授業設計……学習者の特性を踏まえた効果的な授業計画<Y>

③　授業の成果……達成される可能性のある授業の成果<Z>

これを文章化すると，次のようになる。

　「Xという特性をもつ学習者に／Yという設計にもとづいた授業を実施すれば／Zという学習が成立する（であろう）」

　こうして設計された授業は，授業実施後に厳密な検証が可能となる。

(2) 様々な教育方法論を統合することの必要性

　授業設計の第2の意義は，様々な教育方法論を客観的に評価し，統合するこ

とを可能とする枠組みだ，ということである。

　第1章で見てきたように，これまでに様々な教育方法論が生まれ，議論され実践されてきた。どの理論にも優れた面があり，教育をより良いものとする知恵として働いてきた。

　例えば，暗唱主義の全てを「百害あって一利なし」と言って良いのだろうか。小学校低学年での九九の暗唱は確かに一苦労であった。しかし，その後の数的能力の発達にかなりの貢献をしている。

　幼小期に私が暗唱した「般若波羅密多」（般若の腹を見た？）は，後にその意味や般若心経の意義を考えてみようというきっかけになった（ただし，いまだによくはわからないのだが）。

　個々の教育方法論には一長一短がある。子どもたちを前にした日々の授業では，様々な理論にもとづく様々な教育方法を駆使して授業をつくり，進めることが重要であろう。

　授業設計そのものは，特定の教育方法論に根ざすものではない。設計の手順を明らかにした枠組みである。そこに組み込まれる教育方法がどのようなものであっても問題はない。授業設計のねらいはあくまでも，〈検証可能な授業——仮説としての授業〉づくりの手順を示すことである。その設計図のどこに，どの教育方法論を配置すればより良い授業がつくれるのか，それを考えるのが教員の仕事である。

　その意味で授業設計は，多様な教育方法論の統合を可能とする枠組みであるといえる。

2　授業設計の要件

　授業設計において，つまり授業の成否を厳密に問うために欠かせない要件は何だろうか。次の2点があげられる。

　①　授業の目標が明確であること……目標が明確でなければ，それが達成されたか否かを検証することができないのは当然である。授業設計の第1の

要件は目標が検証可能な目標であることだ。

② 授業の流れが詳細に記述されていること……目標が達成されなかった場合，その原因を突き止める必要がある。そのためには，授業の流れが詳細に記述されていなければならない。教員の教授行動，子どもの学習行動，使用された教材・教具や資料などが，時系列にそって記述されていることが不可欠となる。

①，②の要件について，以下にもう少し詳しく解説しておこう。

3 目標の明確化

目標の明確化には，次の3つの要件がある。

(1) 目標行動

第1は，目標を外部から観察可能な子どもの行動で記述することである。「～について理解する」「興味をもって取り組む」といった目標が記述された指導案を見ることがあるが，このままでは目標が達成されたか否かの見極めは不可能である。「理解」は，子どもの内面で起きる変化であって，それが子どもの内面で生じているか否かを外部から観察する手だてはない。

よく教室で見かける光景がある。説明した事柄が子どもに理解されたか否かを確かめたい教員は，子どもたちに「わかりましたか？」と聞く。子どもが「わかりました」と答えれば，教員は，説明が子どもたちに理解されたと判断する。しかし，しばしば繰り返されるこの問答は，子どもたちにとっては儀式のようなものである。

では，理解したかどうかを正確に把握するためには，どうすれば良いか。学習者の変化を外側から見極められるような目標を設定すればよいのである。すなわち，子どもが「理解」したか否かという内面の変化は観察不可能であっても，子どもが「あることを言った」「あることを書いた」などは観察可能である。明確な目標とは，このように外部から観察可能な子どもの行動として記述された目標のことである。

例えば,「三角形について理解する」では,目標達成の成否が見極められない。しかし,次のような目標なら,子どもの行動として観察可能である。つまり,目標が達成されたか否かを見極めることができる。

・三角形を描く

・様々な図形の中から三角形を選ぶ

・三角形の内角の和は180°であることを自分の言葉で説明する

・三角形の面積を計算で求める方法を自分の言葉で説明する(証明する)

・三角形の面積を計算で求める　　など

このような目標であれば,目標達成の成否は見極められる。「描く(書く)」「選ぶ」「説明する」「計算で求める」などは,みな外部から観察可能な行動である。

このように,目標を外部から観察可能な子どもの行動で記すことが,目標の明確化の第1の要件である。このような目標を,授業設計では「目標行動」という(理科教育などでは,同じ意味で「行動目標」という語が用いられることが多い)。学校などで使われる到達目標という語も,ほぼ同じ意味で用いられていると考えてよい。

(2)　条件

目標の明確化の第2の要件は「条件」である。目標とする行動をどのような条件の下で生起させるか。ヒントを与えられて答えるのと,ヒントなしで答えるのでは,同じ行動が生起されたとしても条件に差がある。どちらの条件のもとで行動を生起させるのか,目標の記述ではこのような観点も必要となる。

(3)　水準

第3は「水準」である。目標行動がどの程度の水準で生起するかということである。10問すべてが正解でなければならないのか,10問中7問以上の正解でよいのか,というようなこと(水準)を明示しておくということである。

以上,目標の明確化に不可欠な要件として3点をあげた。一般的に学校で書かれている指導案の目標が,以上に述べた要件を全て満たすことはまれであるが,せめて目標行動だけでも意識して書かれれば,授業の成否はもう少し明確に把握されるに相違ない。

4 目標の種類と目標行動

ブルーム（Bloom, B. S.）らは，教育目標を次の3つに分類している。

① 認知目標（Knowledge）……新しい概念や知識を得る目標である。「〜について理解する」というのは，その代表的な例である。

② 情意目標（Attitude）……価値観や態度に関する目標である。「〜に興味をもつ」「〜の学習者に意欲をもって取り組む」「他人に思いやりをもって接する」などがその例である。近年，わが国の学校教育で，「関心・意欲・態度」に関する目標と評価が何かと話題を呼んでいる。この「関心・意欲・態度」は情意目標である。

③ 技能目標（Skills）……運動技能や操作技能に関する目標である。「とび箱をとぶ」「ピアノをひく」「包丁を使って食材を切る」などがその例である。

以上の目標に関して，先にあげた明確化，特に目標行動の設定はどのようにしたらよいのかを考えてみよう。

3つのうち，技能目標はそれ自体が目標行動となっているので，あらためてここで述べる必要はあるまい。認知目標は，前述したように，説明する，書く（描く），選ぶなど観察可能な行動を目標行動とすればよい。

問題は情意目標である。情意目標は目標行動として設定しうるのか。もし，設定しうるとするならば，どのようにすれば良いのか。

5 情意目標の目標行動

例えば，ある授業の指導案に「思いやりがある子になる」という目標を設定したとしよう。しかし，目標行動を欠いているため，このままでは目標の達成状況を判定できない。そこで，目標行動を設定しなければならないが，どうすれば良いか。

これについて，ポファム（Popham, W. J.）とベーカー（Baker, E. L.）は，

次の4つの手順を踏めば情意目標を目標行動として設定することが可能である
という。

① 目標とする情意的特性をもつ子どもを想起する。

② 目標とする情意的特性をもたない子どもを想起する。

③ ①，②の子どもが正反対の行動をすると思われる場面を想起する。

④ ③で想起した場面で，①で想起した子ども（目標とする情意的特性をも
つ子ども）がとると思われる行動を列挙し，その中から目標とする行動を
選ぶ。

「思いやりがある子」という情意目標を，上の手順に従って目標行動として
設定してみよう。

① 集団内で，A君は思いやりがあると認められている。

② 集団内で，B君は思いやりがないと見られている。

③ 電車やバスでA君・B君が座っている座席の前に，高齢者や体の不自
由な人が前に立ったときを想定する。

④ A君は席を譲る／B君は知らん顔をして席を譲らない。

以上から，「思いやりのある子」の目標行動として「電車やバスで自分が座っ
ている座席の前に高齢者や体の不自由な人が立っていたら，席を譲る」という
目標を設定しうる。

なるほど，これなら「行動」として観察可能だから，評価はできる。しかし，
本当にこれで十分なのだろうか。

問題は2つある。第1は，この目標行動は「思いやりがある」という情意特
性の1つの行動に過ぎない，ということだ。「思いやりがある」という情意特
性をもつ人の行動は，ほかにももっとたくさんある。

第2は，席を譲ったのは，良い評価を得たかったからで，自主的な行動とは
いえない可能性があることだ。本当の意味で「思いやりのある子」であるか否
かはわからないのである。

「学習に〈意欲をもって〉取り組む」なども，よく見かける情意目標である。
しかし，〈意欲をもって〉取り組んだか否かをどう判定するのか。

少し前になるが，授業中の子どもの挙手の回数によって意欲の度合いを評価する実践が教育現場に広まったことがある。挙手が通知表の評価に影響することを伝え聞いた子どもたちは，答えがわかろうがわかるまいが，とにかく，競って手をあげるようになった。このように情意目標の評価は，行動目標を設定できたとしても，なお難しい問題をはらんでいる。

6 情意目標と授業

情意目標を教育目標にすることは意味のあることなのか。筆者は，「短期的なスパンの授業設計において」という限定をつけたうえで，情意目標は目標として設定するべきではないと考えている。

前述したように，わが国の学校では，今，「関心・意欲・態度」に関する目標を掲げ，その評価をすることが当たり前となっている。しかし，価値観や態度というものは短時日で形成されるものではない。

(1) 長期的目標としての情意目標

こんな例を考えてみたらどうだろう。例えば，「教育基本法」の改正で，「愛国心を育てる」という情意目標を設定する授業事例が見られるようになった。しかし，日本を愛する心の育成が，45分の授業で達成しうるものだろうか。

「音楽を好きになる」という目標はどうだろう。歌が嫌いな子は少ないと思われるが，「学校音楽」が嫌いという子は少なからずいる。その理由として多いのが「学期末にみんなの前で歌わなければならない（試験）のがいや」である。

「自分の国に愛着をもってほしい」「ある教科や学習内容に意欲的に取り組んでほしい」と願うのは，教員として当然のことかも知れない。しかし，それは願いであって，当面の授業の目標とすべきことなのだろうか。

こうは言えるだろう。「自分の国は良い国だ」と子どもたち自身が心の底から思えれば，子どもは自ずと自分の国を好きになるはずだ。「ある教科や学習内容が楽しい，意義がある」と思えれば，子どもはその教科や学習内容に意欲

的に取り組むようになるに違いない。

　こう考えると，情意目標は，短期的な目標ではなく，長期的な目標であると言ってよいであろう。加えて，目標としたい情意特性を子どもたちがもつようになるためには，条件整備が必要なのだ。〈日本は良い国だと子どもたち自らが感じられる国にする〉，〈算数が，音楽が，体育が楽しいと感じられる授業をする〉というように，大人や教員たちが尽力をすることこそが重要なのだ。

(2)　道徳教育——当面の目標は認知的

　賛否両論あったものの，従来の「道徳の時間」は，2018年（中学校は2019年）から「特別の教科　道徳」（道徳科）と位置づけられることとなった。教科化に反対論が多かったのは，明治以降の修身教育と重なって捉えられたためである。戦前，戦時中の修身の教科書を見ると，戦争を賛美するかのような内容がてんこ盛りであった。政府が考える望ましい人物像が目標として設定され，子どもたちに教え込まれていた。

　「人の多様性・多様な価値観を認める」，「平和を希求する」，「暴力で人を制御しない」などの情意目標は重要である。しかし，これらの情意目標は，戦前の修身のように，教え込み，押しつける方法で育てられるものではない。むしろ，これらの価値観を認知目標に転換し，子どもたちに考えさせながら達成していくべきであろう。

　子どもの態度・価値観は，子ども自身がそれらの重要性に気づかないかぎり，つまり，認知的に把握しないかぎり育ちはしない。なぜ，こうした価値観が重要なのかを子どもたちに考えさせる，つまり，認知的に把握させることこそが，まずは重要なのだ。認知的に把握した価値観は，徐々に子どもの心にしみ込み，時間とともに揺るぎのない価値観に転化していく。

　「おじいさん，おばあさんになると，長時間立っているのはつらい」ということを子どもたちが認知的に把握することが，まずは，高齢者に席を譲る行動を生起させるための第一歩である。それだけでは，まだ可能性が芽生え始めたという段階である。この認識が子どもの心にしみ込み，高齢者の心情をしっかり感じ取れるようになってはじめて，子どもは自らの意思で高齢者に席を譲る

行動をとれるようになるのである。

　情意目標は，繰り返し子どもたちに問いかけ，考えさせ続けることによって
育てるしかない。押しつけ教育では情意目標は達成されないことを肝に銘じて
おこう。

7　授業の流れの明確化──教授フローチャート

　一般の指導案は，通常，時間（縦軸）と学習事項／教授・学習活動（横軸）
とをマトリックスにした表形式で書かれることが多い。縦軸は，たいてい「導
入」「展開」「まとめ」に３区分されている。その区分ごとに所要時間が記され
ている。また，横軸の学習事項／教授・学習活動等についても，ごく概略の記
述にとどめられている。

　授業の流れがより明確化された指導案としては，フローチャート形式の指導
案，いわゆる教授フローチャートと呼ばれる指導案がよく知られている。教授
フローチャートは，コンピュータのプログラム作成時に使用されるフロー
チャートを指導案に応用したものである。

　以下に，フローチャートで用いられる記号及び教授フローチャートにおける
各記号の意味（図1-1），及び教授フローチャートの例をごく一部のみ示して
おこう（図1-2）。

　実際の教授フローチャートは，このように教員の活動，子どもの活動，使用
する教材・教具や資料などを事細かく記入していくため，かなり長い文書にな
る。しかし，このように細密に記述される教授フローチャートは，授業設計に
おける授業の成否，妥当性の検証には欠かせないことが理解されよう。

8　教授フローチャートの作成と活用

　教授フローチャートが，授業評価にとって重要であることは理解できても，
実際にこれを書くとなると大仕事である。綿密な教授フローチャートを，授業

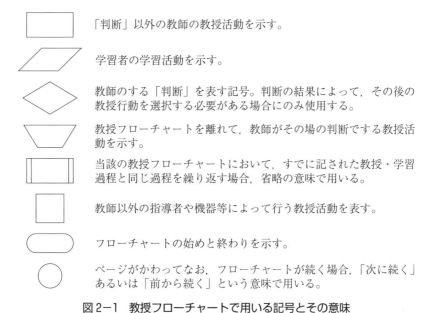

「判断」以外の教師の教授活動を示す。

学習者の学習活動を示す。

教師のする「判断」を表す記号。判断の結果によって，その後の教授行動を選択する必要がある場合にのみ使用する。

教授フローチャートを離れて，教師がその場の判断でする教授活動を示す。

当該の教授フローチャートにおいて，すでに記された教授・学習過程と同じ過程を繰り返す場合，省略の意味で用いる。

教師以外の指導者や機器等によって行う教授活動を表す。

フローチャートの始めと終わりを示す。

ページがかわってなお，フローチャートが続く場合，「次に続く」あるいは「前から続く」という意味で用いる。

図2−1　教授フローチャートで用いる記号とその意味

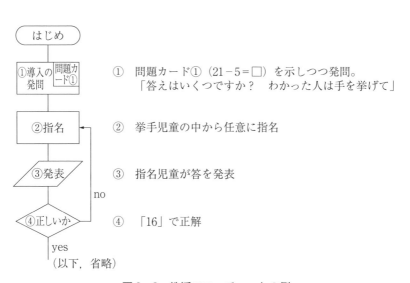

はじめ

① 導入の発問　問題カード①

① 問題カード①（21−5＝□）を示しつつ発問。
「答えはいくつですか？　わかった人は手を挙げて」

② 指名

② 挙手児童の中から任意に指名

③ 発表

③ 指名児童が答を発表

no

④ 正しいか

④ 「16」で正解

yes

（以下，省略）

図2−2　教授フローチャートの例

前に短時間で書くことなどとうていできはしない。

　ではどうするか。長期休業中など，授業や生徒指導などから解放されたとき
に，研究授業や難しい授業など，重要な授業の教授フローチャートを作成する
のも一法である。せめて，年間に1つ，2つの指導案を教授フローチャートで
書いてみる。また，数人の教員で協働して作成してみるのも良いであろう。3
人でなくても，文殊の知恵は出る。

　実際に教授フローチャートを書くことは，綿密な授業設計に対する感覚を養
うことにつながる。全ての授業の授業設計はできないにしても，せめて全ての
授業の目標行動を書くことは可能であろう。目標行動を書くことができれば，
授業評価はぐんと意味のあるものとなる。

　教員たちが作成した教授フローチャートを収集・集積するライブラリーを作
り，他の教員がこれを参考にして新たな教授フローチャートを作成し，それを
ライブラリーに集積していくなどの工夫も効果的である。

Ⅱ　学習意欲を引き出す教師の指導技術

1　教材研究と授業の導入の重要性

　どんなに綿密な計画や優れた教材が用意されても，子どもの側に学びに向か
う意欲がなければ，なかなか真の学力は身に付かない。その意味で，授業実践
において教員がいちばん心を砕くべきことは，いかにして子どもたちの学習意
欲を喚起するかであるともいえよう。

　その基本になるのは「教材研究」である。前節（授業設計）で述べたことと
も重なるが，広い意味での教材研究とは，ある1つの単元や1単位時間の学習
内容を，授業のねらいにそって，子どもたちにどう身に付けさせるかを考える
ことである。とりわけ子どもたちが新たな学習内容に出合う単元や本時の導入
部分の教材研究は，もっとも重視したい。子どもたちの実態と学習内容とを勘

案したうえで，どうすれば子どもたちが意欲的に学習に取り組めるようになるのか。授業の導入は，教員の力量がもっとも問われる部分であるといえる。

　単元においても1単位時間の授業においても，おおまかには導入―展開―まとめという区分をして授業を構想し，展開することが一般的である。そして，最近の傾向としては，導入部分で授業のねらいを明確に示し，子どもたちと共有することが推奨される。しかし，「今日のテーマは3人称単数現在のsの用法です」と示されて，子どもたちに学ぶ意欲が起こるだろうか。

　例えば，身近な話題についての教員とALT（Assistant Language Teacher／外国語指導助手）の自然な対話から授業に入る。それを聞いている子どもたちの側から，「あれ，いま先生はlikeじゃなくてlikesって言ったな」「likeの場合とlikesの場合は何が違うんだろう」というような気づきが生まれるような導入を工夫したい。そのうえで，「それが今日の残り40分の授業のテーマです」と示す。ねらいの明確化を否定するつもりはまったくないが，学習意欲の喚起が先にないと，その効果は半減するのではないだろうか。

2 「指導」と「支援」

　最近は，学習者の主体性を重視する流れの中で，ともすると「指導」よりも「支援」が重視されることがある。しかしこれも程度問題で，両方をバランスよく授業実践のなかに組み込んでいくことが大切である。

　当たり前のことであるが，例えば調べ学習やプレゼンテーションなど，子ども主体で活動するにしても，あらかじめそのスキルを指導しておかないと，子どもは自信をもってできるようにはならない。45分あるいは50分の授業展開を考えるにあたっては，前項で述べた意欲の喚起に加えて，導入部分で基本事項をおさえ，展開の中では子どもたちの活動の自由度を保障しながら，協働の充実や個別最適化に向けて必要な支援をしていく。この基本をあらためて確認する必要がある。

　子どもの主体性がより前面に出てくる探究的な学びにおいても，指導の重要

性は変わらない。「活動あって学びなし」に陥らないように，指導内容を明確にしつつ，指導と支援のバランスをとっていくことが必要になる。

　探究学習では，子どもたちがそれぞれの問いを立てて探究し，それぞれの解を導くことになる。したがって，導いた解の妥当性だけでなく，そこに至るプロセスを評価することが基本になるであろう。つまり，そのプロセス自体，すなわち問いの立て方や調べ学習を進めるためのスキルについては，教師がしっかり指導しなければならない。

　「支援」という口当たりのよい言葉に安きに流れず，教育のプロとして，「指導」すべきことはしっかり指導し評価するという意識と，そのための指導技術をしっかり身に付けるようにしたい。

3　授業展開における指導技術

（1）　発問

　説明や講義は，知識や情報を系統的に伝える方法としては優れた方法といえる。しかし，教員の説明ばかりが長く続くと，子どもは受動的な立場に置かれ，積極的に学習に取り組む意欲を失いがちになる。そこで，説明や講義の合間に，子どもの学習意欲を引き出す工夫が必要となる。

　発問はその1つで，子どもに問いを投げかけ，思考を促す工夫である。タイミングよく的確な発問が組み込まれた説明や講義は，子どもに適度な緊張感を与える。説明や講義を聞き漏らすと，合間に挟み込まれる問いに答えることができなくなるからである。

　発問は，説明や講義において子どもの能動性を引き出すためだけの工夫ではない。授業展開のあらゆる場面にうまく組み込まれることで，子どもの能動性を求め，学習意欲の喚起に有効な手だてとなる。

　その場の思いつきで不適切な発問をしたために，かえって子どもの学習が阻害される場合もある。どのような発問をすれば子どもの学習意欲を喚起できるのか，授業設計の段階で十分な計画が必要になる。

〈発問の種類と活用場面〉

　発問の分類には，以下にあげる以外の分類もある。しかし，あまり細かすぎる分類もかえって授業計画を阻害する可能性があるから，次の4分類をおさえておくのがよいだろう。

　①拡散的発問……求められる答えが，多数あり得る発問である。

　例）（ある写真を見せながら）この写真を見て，どんな印象をもちますか。自由に答えてください。

　拡散的発問は，誰もが1つや2つは答えられる可能性がある点に最大の特徴がある。したがって，子どもは競って答えようとするので，思考を広げるのに最適な発問である。これをふまえると，拡散的発問は，授業の導入部や授業の中で新たな内容に切り替えるときなどに活用されると効果的である。

　②対置的発問……求める答えが，2つの対置する答えになるような発問である。場合によっては中間の答えもあり得るから，2ないし3つという方が適切かもしれない。

　例）原子力発電について，あなたは賛成ですか，反対ですか。

　対置的発問は，子どもたちの考えを求める発問である。子どもたちは，よく考えて自分の意見をまとめて答えなければならない。したがって，対置的発問は，授業の展開場面で活用されると効果的である。また，なぜ自分はそう考えるのか，その理由を求めることも大切である。

　③収斂的発問……答えが1つに絞られる発問である。

　例）5＋3は，いくつですか。

　収斂的発問は，子どもたちが学習事項を確認したり，定着させたりする場面で活用されるのがよいだろう。その意味では授業のまとめの部分での活用ということになろう。しかし，説明や講義をしながら，内容が誤って伝わったりすることのないよう，折々に活用することは当然あってよい。

　④示唆的発問……上記の①～③のような発問に子どもが答えられないとき，ヒントとして与えられる発問である。

　例）原子力発電の長所・短所，火力発電の長所・短所はそれぞれどんなこと

だったっけ？

④については，特段の解説は無用であろう。

以上の点をよく踏まえて効果的な発問が用意されれば，子どもたちの学習意欲を喚起し，活発な学習活動を引き出す授業が可能となる。

(2) 指示

教師から子どもへ，ある行動を求めたり禁じたりする指導行動を「指示」という。指示には「〜しなさい」という促進的指示と，「〜してはいけません」という禁止的指示とがある。どちらの場合であれ，指示をするにあたっての留意点は以下のようになる。

①指示は明確に……何をするのか，何をしてはならないのか，が明確にされていることは，指示をする場合の最も基本的な留意事項である。

②複数の指示を一度に出さない……指示は１つずつ着実に実行されることが必要である。ことに子どもが小学校低学年・中学年である場合には，複数の指示を一度に出してもうまく伝わらないことが多い。また，危険を回避するための指示は，学年を問わず，誤解があったり，的確に伝わっていなかったりすると大事故につながりかねない。指示は手順を追って１つずつ着実に実行されることが必要である。

③指示したことが的確に実行できたか否か見極める……時折，出された指示を子どもが実行したかどうか確かめないまま次に進んでしまう教師に出会うことがある。「教科書○ページを開きなさい」という指示を出せば，子どもたちはただちにその指示通りにページを開くだろうか。答えは否である。小学校児童の場合，子どもによってはよそ見をしていて指示を聞いていなかったり，聞いていても実行しなかったりで，指示が出されてからクラス全員がページを開くのに結局１分近くかかることもある。

ところが，教師は指示を出すとすぐに，教科書の説明に入ったりする。ページを開いていない子どもは，その間，取り残されることになる。全員が教科書○ページを開いたか否か確認してから次に進む。指示—確認は，セットになっていると心得よう。

(3) 話し合い学習

　話し合い学習には，グループによる話し合い学習とクラス全員が一斉に話し合う場合とがある。

　話し合い学習の意義は次の点にある。

　第 1 に，子どもの思考を広げるということである。1 人で考えていたのでは思いつかない発想を得ることである。このことは，一斉授業における拡散的発問にもいえることである。第 2 に，一人一人の子どもが，学習への積極的な参加を求められるということである。

　話し合い学習に関する教師の指導上の留意点は，以下の通りである。

①ねらい，内容，方法の明示……調べ学習と同様，何のために，どのような事柄について，どのような方法で話し合うのかを明示することである。

②話し合い学習の方法の指導……調べ学習同様，子どもたちに話し合い学習に必要な知識・技能を指導することもまた重要なことである。話し合いのルール，マナー，異なった意見が出たときのまとめ方などは，指導されなければわからない。記録の取り方なども，すべての子どもに指導しておくべき事柄だろう。

〈グループによる話し合い学習〉

　グループによる話し合い学習には，さきの 2 つに加えて，さらに以下のような意義が認められる。

　第 1 に，一般的には，クラス全員による話し合い学習より，小さな集団での話し合い学習の方が発言しやすくなるという点がある。第 2 に，全員参加の話し合い学習に比べて，一人一人の子どもたちにより大きな関与が求められるという点である。

　ただし，こうした意義を具体的に引き出すために，教師は次の点に配慮する必要がある。すなわち，グループ編成は慎重にするということである。子どもの特性をよく考えたグループ編成を心がけなければならない。消極的な子のいるグループには，うまく活動に引き込むことのできるリーダー的な子を配するなどは，最低限必要な配慮だろう。ワンマンな子がいるグループには，その子

をうまく押さえつつ全体をまとめることのできる子を配することも必要となろう。その他，多様な特性をもつ子をバランスよく配するなどの配慮も忘れてはならない。どうしても運営の難しそうなグループができてしまう場合には，教師は折々にそのグループの話し合いにそれとなく参加して必要な指導を加えることも重要である。

〈クラス全員による話し合い学習〉

　クラス全員である種の意思決定を行ったり，結論を得たりしなければならない場合には，クラス全員による話し合い学習が必要となろう。多くの場合，子どもたちの中から司会役や記録係を決めて，子どもたちに主体的に取り組ませることになる。

　この場合の留意点は，話し合い学習の冒頭で述べた①および②を考慮すればよい。なお，いうまでもないことながら，司会役，記録係は，クラス全員が体験できるように当番制にするなどの工夫があるとよい。

(4)　机間指導

　子どもたちがグループ活動や個別学習に取り組んでいるとき，教師の職務はその様子の的確な観察と指導・支援である。教師が子どもたちの机の間を歩きながら観察・指導・支援することを机間指導という。

　机間指導では，子どもたちの学習の様子を可能なかぎりていねいに観察し，必要に応じた適切な指導・支援を行わなければならない。その他，机間指導では，子どもたちの学習成果を見極めて，まとめの段階で答えを発表させたり，意見を述べさせたりする子を決める参考にすることができる。模範的な答えを書いている子，ユニークな意見を書いている子などを記憶しておいたり，メモをとるなど，後で答えや意見を発表させるときに指名するとよい。

　多くの子が同一パターンの誤答を書いている場合には，典型的な誤答の例として，そのうちの何人かを指名する方法もある。しかし，この方法は，その後の適切なフォローがないと，誤答を答えさせられた子が自信を失う場合もあるので，注意が必要である。

(5) フィードバック

　子どもに何らかの反応を要求し，子どもがその反応をした場合，教師はその反応の当否を子どもに示してやる必要がある。反応の当否に関する教師から子どもへの情報をフィードバックと呼ぶ。

　ここで留意すべきことは，要求した反応が正しく行われなかった場合，つまり誤っている場合である。この場合，教師は誤りを指摘すると同時に，正しい反応ができるような指導や支援をしなければならない。また，その子が自信をなくすことがないような配慮も必要である。「励ます」という教師の行為は，子どもに自信を失わせない大切な手だてである。

　発問に答えた子どもの答えが，教師が欲するものでなかったとしよう。教師によっては，その答えを無視し，つまり，何のフィードバックも与えずに，「ほかにないかな」と他の子どもに答えを求めるようなことがある。自分の答えが無視された子どもは自信や意欲をなくすに違いない。こういう心ない教師になってはいけない。

　ときには，教師からのフィードバック以上に，子ども同士のフィードバックが有効なこともある。最近ではICTの機能を用いて，授業のまとめの場面で，子どもたちがそれぞれの端末に書き込んだ学習感想などを，教員側の電子黒板に一覧表示して，全体で共有したり，コメントしあったりする授業を見かけることがある。これまであまり表に出にくかった子どもにクラスの子どもたちから称賛のフィードバックが集まることもあり，目的に応じてうまく活用していきたいものである。

Ⅲ　学習指導案の実際

　ここまで本章では，授業設計の考え方と，授業を展開するうえでの指導技術について述べてきた。本節では，実際の学習指導案を示す。公立中学校で実施された，3年生英語科の指導案である。形式はフローチャート形式をとってい

ないが，授業設計の基本を踏まえた指導案となっている。

　これは筆者が指導助言をした2022年1月28日の埼玉県英語指導方法改善事業（文部科学省委託「小・中・高等学校を通じた英語教育強化事業」）研究発表会の際に作成されたものであり，日々の授業で毎回ここまで詳細な指導案を作成することは少ないであろう。しかし，年に何度かでも授業づくりのPDCAを緻密に検討する授業研究の営みを経験することで，教員の授業力は格段に向上していくのである。

　なお，以下に掲載する指導案は，授業者の永田卓教諭（埼玉県八潮市立八條中学校主幹教諭）より許可を得て，オリジナルの指導案から適宜，項目を省略したり，記述内容を簡略化したりしている。

◆単元名
　You Can Do It! 2：学校に必要なものを考えて意見を伝えよう
　（光村図書『Here We Go 3』）

◆単元について
　本単元は，既習事項を用いて「学校に必要なもの」について「自分の意見を伝えること」を目標とする。その際に，スピーチのように自分の意見を一方的に伝えるだけではなく，グループ内で相手の意見をしっかりと聞いて自分の意見を伝えたり，自分の意見の根拠となる理由を述べたりすることが求められる。

　第3学年のこれまでの学習では，〈AIと言語〉に関する記事を読み，賛成または反対の立場を明確にして意見を述べたり，〈環境問題〉についての本文を読んで，自分の感想や意見を伝えたり，相手の意見を聞いたりする活動を行った。本単元はそれらの集大成として，既習事項を総動員し，単に自分の意見を伝えるだけでなく，相手の意見も聞きながら自分の意見を伝える題材と位置づけられる。

◆単元の目標

「学校に必要なもの」についての自分の意見を伝えるために，自分の考えや理由などを整理し，自分の意見を話したり書いたりすることができる。

(1) 既習事項を理解し，「学校に必要なもの」について自分の意見や理由を話したり書いたりして伝える技能を身に付けている。【知識及び技能】

(2)「学校に必要なもの」についての自分の意見を伝えるために，自分の意見や理由を話したり書いたりしている。【思考力，判断力，表現力等】

(3)「学校に必要なもの」についての自分の意見を伝えるために，自分の意見や理由を話したり書いたりしようとしている。【学びに向かう力，人間性等】

◆学習指導要領の領域別内容との対応

話すこと［やりとり］ ウ 社会的な話題に関して聞いたり読んだりしたことについて，考えたことや感じたこと，その理由などを，簡単な語句や文を用いて述べ合うことができるようにする。

書くこと ウ 社会的な話題に関して聞いたり読んだりしたことについて，考えたことや感じたこと，その理由などを，簡単な語句や文を用いて書くことができるようにする。

◆単元の評価規準

	Ⓐ知識・技能	Ⓑ思考・判断・表現	Ⓒ主体的に学習に取り組む態度
話すこと［やりとり］ や	①人の意見に賛成したり，反対したりするときの表現を理解している。（知識） ②「学校に必要なもの」についての自分の意見を伝える技能を身に付けている。（技能）	「学校に必要なもの」についての自分の意見を伝えるために，自分の意見や理由を話している。	「学校に必要なもの」についての自分の意見を伝えるために，自分の意見や理由を話そうとしている。
書くこと 書	①人の意見に賛成したり，反対したりするときの表現を理解している。（知識） ②「学校に必要なもの」についての自分の意見を伝える技能を身に付けている。（技能）	「学校に必要なもの」についての自分の意見を伝えるために，自分の意見や理由を書いている。	「学校に必要なもの」についての自分の意見を伝えるために，自分の意見や理由を書こうとしている。

注）本単元では，英語科の5領域のうち，上記以外の「聞くこと」，「読むこと」，「話すこと［発表］」については，目標に向けての指導は行うが，記録に残す評価は行わない。

◆単元の指導と評価の計画（5時間扱い）

時	◆ねらい　○学習活動	評価			
		A	B	C	評価規準〈評価方法〉
1	◆本単元の目標を理解する。 ◆教科書の英文を読み，登場人物の意見と理由を読み取る。 ○本単元の題材に関するやり取りを行う。 ○教科書本文の音読活動を行う。				○本時では，目標に向けて指導を行うが，記録に残す評価は行わない。
2	◆教科書の意見について，自分の意見と理由を伝えることができる。 ○マインドマップを作成し，自分の意見と理由を伝える。	や①②			○教科書の意見について，賛成したり反対したりする表現を使っている。〈観察〉
3	◆「対面授業とオンライン授業どちらがよいか」について，自分の意見と理由を伝えることができる。 ○教科書以外の英文を読み，意見と理由を伝え合う。		や	や	○「対面授業とオンライン授業どちらがよいか」について，自分の意見や理由を話している。〈観察〉
4 本時	◆「対面授業とオンライン授業どちらがよいか」について，自分の意見と理由を伝えることができる。 ○教科書以外の英文を読み，意見と理由を伝え合う。		や	や	○「対面授業とオンライン授業どちらがよいか」について，自分の意見や理由を話している。〈観察〉
5	◆「対面授業とオンライン授業どちらがよいか」について，自分の意見と理由を伝えることができる。 ○「対面授業とオンライン授業どちらがよいか」について，パフォーマンステストを行う。		や	や	○「対面授業とオンライン授業どちらがよいか」について，自分の意見や理由を話している。〈パフォーマンステスト〉
後日	◆「対面授業とオンライン授業どちらがよいか」について，自分の意見と理由を書くことができる。 ○「対面授業とオンライン授業どちらがよいか」について，ペーパーテストを行う。	書①②	書	書	○「対面授業とオンライン授業どちらがよいか」について，自分の意見や理由を書いている。〈ペーパーテスト〉

◆本時の学習指導

(1) 本時の目標（ねらい）

　トピックについて意見と理由を伝え合い，意見を深めることができる。

(2) 準備

　タブレット，ワークシート（マインドマップ作成資料）

(3) 学習過程（本時 4／5）

過程	学習活動・学習内容	○指導上の留意点　★ICT の活用
つかむ 5	1．Greeting & Warming up	
	（1）あいさつ	○英語の授業の雰囲気をつくる。
	（2）check the useful phrases	○自分の意見を伝える際に使いやすい useful phrases を確認し，本時の活動につなげられるようにする。
	（3）small talk	○スモールトークは，簡単なトピックを設定し，useful phrases を使わせるとともに，本時の活動につなげられるようにする。
	2．本時の目標確認	○本時の目標とトピックを確認し，本時の学習の見通しを持たせられるよう留意する。
	Goal: Let's communicate the reasons to deepen our opinion.	
	Topic: Which is better, face to face lessons or online lessons?	
		○ルーブリックを提示し，ルーブリックで本時の目標を確認することで主体的に活動できるようにするとともに，振り返りでもルーブリックを活用し，指導と評価の一体化を図る。
	○ Communicate the reasons.　A　理由を2つ以上入れて自分の意見を伝えることができる。　B　理由を1つ入れて自分の意見を伝えることができる。　C　理由は言えないが自分の意見を伝えることができる。　D　自分の意見を伝えることができない。　○ Deepen our opinion.　A　相手の意見を理解し，意見を深める質問や発言をすることができる。　B　相手の意見を理解し，発言や質問をすることができる。　C　相手の意見を理解できるが，発言や質問をすることができない。　D　相手の意見を理解できず，発言や質問をすることができない。	

	3. 意見提示	○トピックに対する2つの意見（対面授業とオンライン授業）の英文をALTの音声と文字で生徒に提示する。意見と理由が入ったシンプルな英文にし，内容理解に重点を置くのではなく，本時のディスカッションのためのインプットとして英文を理解させる位置づけとする。★
考える 10	4. writingリレー	○ writingリレーは，タブレットのチャンネル機能を用いて行うグループトークである。対面授業派とオンライン授業派をそれぞれ4グループずつの8グループに分ける。そして，8グループから対面授業派とオンライン授業派の1グループずつを選んだ4グループを編成する。生徒は自分の意見を投稿したり，他者の意見を読んで自分の意見を投稿したりする。また，意図的に相手の意見を否定するなどし意見を深めていく。★
		○ディスカッションにつなげるため，本時では，生徒がどちらの立場に立つかは，教師側が指定する。
		○わからない単語や表現があるときは，グループの教え合いやタブレットを使ってもよいものとする。★
	(1) 自分の意見と理由	○意見と理由は，文ではなくメモでもよいものとする。また，理由まで書けない生徒には，意見は書けるよう支援する。
深める 30	(2) 自分と反対の意見を否定	○自分と反対の意見の人に対して，自分の意見と相手の意見を選ばなかった理由を書かせる。★
	(3) 自分と同じ意見を援護	○自分と同じ意見の人に対して，これまでの意見を参考にしながら，自分の意見と理由を書かせる。★
		○中間指導を行い，よい表現を紹介したり，多い間違いを修正したりすることで，活動の効果を上げ，対話的な学びを実現する。
		○仲間の意見と理由を読ませることで対話的な学びを実現させ，自分の意見を深めさせる。★
	5. マインドマップ作成	○ writingリレーを参考にしてマインドマップを作成させる。英文を書かせるのではなく，マインドマップやメモを書かせることにより，この後のディスカッションで即興性をもたせられるようにする。★

	6．ディスカッション	○全員に自分の意見と理由を言わせる。また，グループの仲間の意見に触れながら自分の意見や理由を言わせたり，質問させたりして，自由にディスカッションさせる。
		○対面授業派とオンライン授業派の意見を聞きながらフリーでディスカッションさせることで，即興性のあるやりとりにする。
		○即興性を重視するため，タブレットは使わせずにマインドマップを用いてディスカッションさせる。また，ディスカッションを通して学んだ表現や深めた意見をマインドマップに書き加えさせていく。
		○中間指導を行い，よい表現を紹介したり，多い間違いを修正したりすることで，活動の効果を上げ，対話的な学びを実現する。また，それぞれの意見を深める意見を伝え，生徒が意見を深める一助とする。
まとめる5	7．振り返り	
	Can you communicate the reasons to deepen your opinion?	
	(1) 今日の振り返り	○ルーブリックを用いて自己評価させる。
	(2) 表現について	○「言いたかったけど言えなかった表現」や「仲間から学んだ表現」を振り返らせる。
		○本時の振り返りをするとともに，次の時間の予告をすることで，次回の見通しを持たせる。

注）授業過程の「つかむ→考える→深める→まとめる」は，八潮市教育委員会が「主体的・対話的で深い学び」の実現をめざして策定した授業展開モデルである「八潮スタンダード」による。

Ⅳ 学習組織と教授組織

　以上のような授業をスムーズに進めるためには，教師や学習者の組織に関しても適切な工夫が必要となる。組織づくりを表す語は，通常，「組織を編成する」というように，「編成」と表記することが多い。ところが，学校教育法におい

ては，「学級編成」ではなく，「学級編制」と表記される。「編成」と「編制」
との相違については，「編成」が個々のものを集めてまとめる意で，「編制」は
全体を部分に分ける意との語義的な説明もあるが，ここでそれに深入りする余
裕はない。また，筆者は編成と編制とを使い分ける必要はないと考えているの
で，本節では，学級に限らず，組織づくりに関しては，すべて法規にしたがっ
て「編制」で統一する。

　学習組織とは，子どもの学習活動を「効果的・能率的（以下「効率的」とい
う）に進めるために編制される組織のことである。一方，教授組織とは，教員
の教育活動を効率的に進めるために編制される組織のことである。

　とはいえ，学習組織は子どもだけで成り立つわけではない。学習組織に所属
する子どもの学習指導・支援に当たる教員の存在が想定されている。また，教
授組織も教員だけで成り立つわけではない。教授組織には，その組織の構成要
員として子どもがいる。

　つまり，学習組織は子どもだけの組織ではなく，教授組織もまた教員だけの
組織ではないということである。子どもの学習活動と，教員の教授活動と，そ
のどちらに視点をおくかによる違いである，と理解しておこう。

1　学習組織

　子どもの学習を効率的に進める組織としての学習組織には，以下のようなも
のがある。

(1)　学年

　日本の小・中・高等学校における学習組織は，学年を基本としている。法定
年齢になって，それぞれの校種に入学した児童・生徒は，初年度に1学年に所
属し，年度ごとに学年が上がっていく。

　この場合，出席日数の不足，成績不良などの事由による原級留置（いわゆる
落第）の制度はあるものの，義務教育段階において適用されることはほぼない
といってよい。つまり，小・中学校の場合，同一学年に所属する児童・生徒は，

ほぼ同一年齢である。

　高等学校は義務教育ではないため，入学時の年齢制限がない。また，原級留置も名目だけではない。そのため，同一学年に所属する生徒がすべて同年齢であるとはかぎらない。

(2)　学級

　わが国では，学年制とあわせて，学級制が採られている。学級は，学年に所属する児童・生徒を，指導の効率化の視点から，適切な規模に分けて編制する学習組織である。

　1学級あたりの児童・生徒数の標準は，長らく40人とされてきた（ただし，小学校1学年のみ，2011年度以降は35人となっている）。しかし，効率化の観点からは1学級の児童・生徒数は，より少人数が望ましいといわれ続けてきた。その結果，2021（令和3）年度から，小学校においては，1学級の標準を35人以下とすることとなっている。なお，この変更は年次進行によって，2021年度に2学年まで，2022年度に3学年までという具合に順次進行し，2025年度に，小学校の全学年における35人学級が実現することとなる。中学校においても，35人学級の実現を求める声は大きいものの，現時点では見通しが立っていない。

　なお，小規模学校などでは，複数学年の子どもを1つの学級に収容することがある。このような学級を複式学級と呼ぶ。また，障害をもつ子どもなど，特別な支援を必要とする児童・生徒が在籍する場合には，特別支援学級が置かれる。特別支援学級は，複式学級同様，複数学年の子どもが在籍している。

(3)　学習者の特性に配慮した学習組織

　小・中学校の場合，学年，学級は，子どもの特性を特に意識して編制される学習組織ではない。学年も学級も「同年齢の子ども」によって編制される学習組織である。

　当然ながら，こうした組織に組み込まれた子どもたちの学習能力は多様である。その学習組織で行われる学習を難しいと感じる子どももいれば，易しいと感じる者もいる。問題となるのは，難しいと感じる子ども，学習に「ついていけない」子どもである。

原級留置が形骸化している小・中学校の場合，「学習についていけない」子どもは，卒業までに実施された学習内容を十分に理解しないままに卒業しなければならない。いわば，「置いてけぼり」にされるのである。

こういう子どもたちの状況を「落ちこぼれ」といったこともある。しかし，この言葉に関しては，当然ながら強い反発があった。「落ちこぼれ」といわれた子どもは，能力不足のレッテルを貼られたも同然である。しかし，「学習についていけない」のは，子どもの能力の問題のみではなく，子どもの特性に配慮しない教育，あるいは，教育制度の側にもおおいに責任がある。このような意見をもとにして生まれた言葉が，「落ちこぼし」であった。つまり，子どもが「学習についていけない」のではなく，「学習についていけるように指導していない」ことが問題なのだ，という見解である。

では，落ちこぼしを生まない学習組織はないのか。究極的には，子どもを学習組織に組み込まず，個別指導することだが，子どもの数だけ教員を配置するのは非現実的である。

学習者の特性に応じた学習組織には，多様な形態が考案されてきた。以下，特徴的な学習組織を３つあげて解説しておこう。

① 分団式指導

学習者の多様な特性に応じた指導を可能とする工夫の１つが，分団式指導である。学年・学級という学習組織の中で，なんとか，子どもの特性に応じた指導ができないか。その問いに対して答えを出した事例の１つが，及川平治による分団式指導（及川自身は，分団式動的教育法と名付けている）である。

及川は，すでに述べた大正新教育運動を牽引した教育者の一人である。分団式指導は，学級を学習内容に応じて，グループ学習にしたり，個別学習にしたりというように，自在に学習組織を組み替えて指導する理論であり，実践の方式である。及川の理論・実践方式は，「分団式指導」という語こそ用いられはしないものの，戦後日本の小学校に広く取り入られている。学習内容に応じて，グループ学習をさせたり，個別学習をさせたり，全体での学習に切り替えたりという授業は，あちこちの学校でよくみられる。

　授業参観に行くと，導入部での教員の説明の後，子どもたちがグループに分かれて話し合いをしたり，分担して作業をしたりする。ひとしきりグループ活動が続くと，再び学級全体での学習活動に戻る。こういう授業風景に出くわすことがある。時には，子ども一人一人が教員に指示された個別学習に取り組んだりするようなこともある。

　これが，及川のいう分団式指導である。今では，「分団式」という語がもち出されることはないが，明治・大正期の授業は，常に一斉指導・一斉学習が日常の光景であったことを思えば，及川の指導法は斬新であったといえる。

② 習熟度別学級

　1960〜70年代に，小・中学校の学習内容は増加した。じっくり時間をかけた指導が難しくなり，学習内容を子どもの口に押し込もうとするような指導に追われるような状況もあった。その様子は，食欲のない子どもの口を無理矢理あけさせ，食事を口に詰め込もうとするようにみえた。そのため，この時代の教育は，「詰め込み教育」と呼ばれた。

　子どもの特性を考慮しないこうした指導には，学習内容の整理・縮減という視点と，子どもの特性を考慮した指導法の改善という視点と，2つの視点からの批判があった。これら2つのうち，学習内容の整理・縮減は，学習指導要領の改変によらざるを得ない。そこで，学校で実現可能な改善として，小・中学校における能力別指導，高等学校における能力別学級編制などの実践がみられるようになった。

　こうした動向を受けて，1978（昭和53）年改訂の高等学校学習指導要領において「習熟度別学級」が導入された。これについて，学習指導要領は，「各教科・科目の指導に当たっては生徒の学習内容の習熟の程度などに応じて弾力的な学級の編制を工夫するなど適切な配慮をすること」と記している。

　なお，ここで，「能力別」ではなく「習熟度別」という語が用いられたのは，能力別という語に付随する差別的な意味を排除したものと考えられる。これ以降，学習者の特性に配慮した学級は，習熟度別学級と呼ばれ，学習者の習熟度に応じた指導は，習熟度別指導と呼ばれることが多くなった。

③　高等学校の学科制／コース制

　習熟度別指導が導入される以前から，高等学校では，学科制やコース制が導入されていた。学科制は，将来の職業に結び付くような科目を中心に組み立てられたカリキュラムにもとづく学習組織である。農業系，工業系，看護系などの様々な学科があり，全体をさす場合は専門学科と呼ぶ。

　これに対し，特定の職業に結び付かない学科は普通科と呼ばれる。普通科には，コース制が置かれることが多い。コース制は主として，生徒の進路に応じて設けられる学習組織である。例えば，大学等への進学を希望している生徒に関しては，理科系・文科系などのコースが設けられたりする。

　なお，近年，普通科と職業学科とをあわせた総合学科が設置されることも多くなっている。総合学科は，高校入学時から将来の生き方を決めるのではなく，高校在籍中に，多様な学習に触れつつ，徐々に将来の生き方を考えさせようとする趣旨で置かれるようになった。

　これらについて詳述する余裕はないが，このように学習者の特性に配慮して，時代とともに多様な学習組織が工夫されているのである。

2　教授組織

(1)　学級担任制

　学級は，同一学年の子どもによって編制される組織である。学級における全ての教育活動を，学級に配置された1人の教員が担当する仕組みを学級担任制という。

　日本の小学校における教授組織は，学級担任制を基本としている。ただ，中学年，高学年になると，音楽，図画工作，家庭，体育，外国語活動などの教科において，それら特定の教科だけを担当する教員（専科教員）が配置されることが多くなっている。専科教員は，上記教科のみの教育活動に従事する。

　近年，学力向上のかけ声のもと，小学校高学年になると，算数や理科などの教科に関しても教科担任制を取り入れる例がみられる。この場合，算数や理科

の専科教員が授業を担当する例がある一方，学級担任として勤務する教員が，他の学級に出向いて算数や理科の授業を担当する例も多い。

学級担任制の長所・短所は以下のとおりである。

〈長所〉

学級の子どもたちとの接触時間が長いことから，教員は子どもたちの適性を把握しやすく，指導が適切に行われる可能性が高い。学級担任教員は，子どもの生活上の課題などを把握しやすい。そのため，生徒指導に関しては，学級担任教員の指導が効果的であると考えられる。

〈短所〉

① 小学校教諭の免許は全教科担当免許である。とはいえ，高学年の指導において，教科による指導上の苦手意識をもつ教員もいる。特に，技能面が重視される音楽，図画工作，家庭，体育などの教科に苦手意識をもつ教員は少なからずいる。こうした教科において，かなり以前から専科教員が配置されてきたのはそのためである。また，近年，算数や理科の授業で教科担任制を取り入れる事例が多いことは上述した通りである。

② 学級には1人の学級担任以外の教員はいない。したがって，学級の指導において，学級担任教員は独善的になってしまう可能性がある。いわゆる「学級王国」と呼ばれるような状況である。その状況が望ましくないことはいうまでもない。

ただし，「学級王国」という言葉は，元々は全く違った意味をもっていた。大正期，千葉師範学校附属小学校主事・手塚岸衛は，子どもたちの自主性を重んじる教育をめざすために，学級担任は校長による学級統制から自律した学級経営が必要であると主張した。学級をよりよいものにしていくためには，学級の特性を知らなければならない。校長の統制を離れるということは，学級の特性を知る担任教諭こそが，学級経営の責任者だということである。大事なことは，彼の主張には学級担任の「勝手気ままに」というような意味は全く含まれていないことだ。校長の管理からの自律は訴えたが，学級を動かすのは子どもたち自身であり，学級担任は必要な指導と支援をし，学級経営の責任は学級担

任が負うというのが彼の主張だったのである。

　学級担任制が陥りがちな“誤認された”学級王国ではなく，学級の子どもたちの特性に見合った学級経営をめざす“本来の意味での”学級王国を忘れてはなるまい。

　③　教員と子どもとの相性の良し悪しが問題になることがある。子どもによっては学級担任教員に苦手意識をもつことがあっても，逃げ場がないのだ。教員は公平に子どもをみて，対応しているつもりでも，子どもの方が苦手意識をもつことはありうることだ。担任教員は，担任する学級の子どもたち全てに平等に接することに，いっそう留意しなければならない。

(2)　教科担任制

　中学校・高等学校の教員免許は，小学校と違って教科別である。教員は，自身がもつ免許教科の授業のみを担当する。これが教科担任制であって，中学校・高等学校で一般的な教授組織である。

　中学校・高等学校でも学級がおかれるのが一般的であり，この場合，各学級に学級担任教員が配置されている。ただし，小・中学校の学級担任とは異なり，高等学校の学級担任としての役割は，主として自学級におけるホームルーム，道徳，生徒指導，進路指導などである。なお，高等学校の総合的な探究の時間に関しては，学校によって指導体制や指導方法が多様であり，この時間に関する学級担任の職務内容は，学校によって異なったものとなろう。

　教科担任制の長所・短所は以下のようである。

〈長所〉

　①　教科指導においては，専門性のある教科担任によるので利点が多い。

　②　誤った意味での「学級王国」に陥ることは，比較的少ない。

〈短所〉

　学級担任教員が，常時，学級指導に従事していないので，学級担任教員と学級の子どもたちとの関係は希薄になりがちである。したがって，生徒指導面に関しては，必ずしも十全に機能しないこともある。

(3) ティーム・ティーチング

ティーム・ティーチング（team teaching, 以下，TT）は，複数の教員がティームを組み，1 つの学習組織に対する指導を協力して行う仕組みのことである。

TT は，アメリカ合衆国における教育の現代化の動向の中から産み出された。教育の現代化は，理数教育の推進に力点がおかれ，理数教育の効率化が求められていた。ところが，教員の資質・能力には多様性があり，従来のような 1 人の教員が 1 つの授業を担当する方法では，教育の現代化の推進には不足がある，との認識が広がっていた。

そこで，指導の効率化のために，多様な資質・能力をもつ教員を適切に組み合わせたティームを編制し，ティームによって授業を担当する仕組みが編み出されたのである。開発当初は，教員の勤務年数や得意・不得意分野などを考慮したティームの編制方法などが工夫され，提案された。ティームには，教授活動の補助的要員，ティームの運営や事務的作業をこなす職員など，多くの人的要員を必要とするような事例も紹介された。

しかし，教員以外の要員を含めて編制されるティームは，理想的ではあっても，現実的ではない。したがって，特定の学習組織に対して，複数の教員が協力して指導に当たる教授組織の形態をおしなべて TT と呼ぶようになったのである。

ただ，複数教員による協力教授すべてを TT と呼ぶことには異論がある。漫然とした複数教員による協力教授ではなく，必須要因として，次の 2 点が不可欠だというのである。

① 協力教授による授業内容が，綿密に計画されていること
② 授業を担当する教員個々の役割分担等が，教員の特性を考慮して綿密に計画されていること

つまり，複数教員による授業に必然性があることと計画性があることが，TT に必須の要因だということである。これらのほか，時間や空間の弾力性を必須要因にすべきだとの論もある。しかし，日本の学校の実情から考えると，それらの要因にこだわるのは得策ではない。

1960年代に日本に導入された TT は，多くの学校で実践されてきた。ただ，どのような事例であっても，上の2点を欠いていないかの省察は必要であろう。

〈TT の教育的意義〉

　TT の教育的意義は，次の4つである。

① 　教員の授業面での職能成長……授業設計・授業実践・授業評価を教員同士の協力・連携によって進めることから，教員の授業面での職能成長を促進させる。

② 　教員同士の人間関係の構築……授業改善に協力する中で，教員同士の人間関係を深める効果が期待される。

③ 　授業の質の向上……質の高い充実した授業ができる。

④ 　個別指導の充実……「個に応じた指導」ができる。

〈TT の課題〉

　教員の意識改革が必須である。具体的には，以下の課題があげられる。

① 　教員の協力による授業づくりの意義を知ること……授業は1人で行うものという常識から，授業は協力して行うものという常識への転換が必要である。授業を1人で行う力量はもちろん必要である。しかし，よりよい授業のためには教員同士の協力が不可欠との認識をもつことが，授業改善のポイントである。

② 　形式的な協力に陥らないこと……先にあげた協力教授の2つの必須要因を点検し，TT が形式的なものに終始しないよう心がけることが必要である。

(4)　ゲスト・ティーチャー

　ゲスト・ティーチャー（guest teacher，以下 GT）は，学校からの依頼を受けて，臨時的に当該学校の教育に当たる外部人材のことである。GT には，何らかの分野で活躍している人，学習課題に関連する機関で働いている人，地域社会住民など，多様な人材が想定される。

　GT は昔からなかったわけではない。しかし，体系的にその必要性が認識されるようになったきっかけは，1987（昭和62）年の臨時教育審議会第3次答申において，「開かれた学校」の概念が認識されるようになったことである。同

答申は，学校は家庭や地域社会と連携・融合するようなシステムの中で，生涯学習をも担いうる存在になる必要があるとの提言を行った。

この流れは，その後の中央教育審議会においても継続的な議論が重ねられ，様々な見解を加味しつつ，学校・家庭・地域社会の連携促進が図られるようになった。

「開かれた学校」には，以下のような複合的な意味が含まれている。

① 地域の生涯学習機関としての学校……学校には，学習機会の提供や施設開放などの方策によって，地域住民の生涯学習を支援することが求められる。

② 利己的な保護者への対応……1990年代に一時期，学校に無理難題を押しつける利己的な保護者が増加した。それらの難題にていねいな対応をしようとすると，学校が本来果たすべき教育活動が阻害されることが多くなっていた。こうした問題の解決に，学校と家庭や地域社会との連携が必要とされたのである。すなわち，利己的な保護者への対応にあたって，良識ある保護者や地域社会住民の協力を得ることが必要であり，意義があったのである。

③ 子どもたちに生きて働く知恵を獲得させる……子どもたちが教科書に掲載された知識を覚えるだけではなく，家庭や地域社会の中で「生きて働く知恵」を獲得するために様々な体験をすることが必要である。

GTは，このような背景の中で，特に③との関わりから重視されるようになってきた。

また，2000（平成12）年から導入された「総合的な学習の時間（高等学校では2022年度より「総合的な探究の時間」に改訂）も，学校におけるGTの導入を加速させた。

〈GTの意義〉

① 体験にもとづく説得力……GTは，教員がもち合わせていないような「体験」を有していることが多く，その体験を通じた授業をすることで，子どもに学習課題に関する擬似的な体験をさせることが可能である。

② 教科横断的指導……GTの日常生活や日常活動は，教科にしばられることはない。したがって，総合的な学習の時間のように教科を超えた学習課題に

関して，日常の活動から得た GT の体験にもとづく指導は，子どもたちに多くの発見を促す。

③　キャリア教育……職業，芸術・文化・スポーツなど各分野で活躍する GT は，子どもたちに多くの刺激と将来への展望を与える。いわゆるキャリア教育としての効果である。

④　子どもに地域社会の意義を伝える……地域の伝統文化，ボランティア活動に従事する GT は，地域社会の意味や重要性を子どもたちに伝える。子どもたちはそれを受けて，自分自身が地域社会の一員であることを自覚し，地域住民としての生き方を考えるようになる。

⑤　教員の職能成長……教員とは異なった体験をもつ GT の話は，教員にとっても参考になることが多いはずだ。子どもたちと一緒に GT の話を聞くことは，教員自身に刺激を与え，彼らの職能成長を促す。

〈GT の課題〉

①　授業意図の共有……しばしば，教員が設定した授業のねらいと，GT が子どもたちに伝えたいことがずれる場合がある。GT にしても，授業のねらいがわからないと，どんな話をすればよいか不安になる。GT による授業の効果を十分に得るためには，教員と GT の綿密な事前打ち合わせが欠かせない。

②　GT の補助役としての教員……GT が授業をしている間，これ幸いとばかりに，たまっていた雑務をこなす教員を見かけることもある。これは，とんでもない勘違いである。GT の授業では，教員は GT の後方支援者としての役割を担わなければならない。

③　補助者，受講者としての教員……補助役を務めながら子どもと一緒に GT の話を聞くことは必須の職務と心得るべきであろう。それなしには，GT による授業の振り返りや，次の授業への展開を考えることはできない。

④　ボランティア保険……GT は，ほとんどの場合，学校に協力してくれるボランティアである。授業中の事故などで，負傷したりした場合の補償はない。近年，ボランティア（活動）保険制度があるので，その導入を検討することが必要である。

演習問題

1．授業設計とは何か，授業設計がなぜ重要かについて，自分の言葉で整理して述べなさい。
2．目標行動とは何か，目標行動がなぜ重要かについて，自分の言葉で整理して述べなさい。
3．発問の意義，発問の種類を整理し，種類ごとに具体的な発問例を作成しなさい。

 読書案内

○沼野一男『情報化社会と教師の仕事』国土社 1986

　教師の仕事の中核が授業にあることを明らかにし，授業をどうつくるのかをわかりやすく解説している本で，一度は読んでおきたい。

○ポファム，ベーカー（沼野一男・監訳）『教育のシステム化』玉川大学出版部 1978

　授業設計の入門書とも言うべき古典。

○平沢茂「教育の実践」改訂・保育士養成講座編纂委員会（編）『教育原理』（改訂 3 版・保育士養成講座／第 9 巻）全国社会福祉協議会 2007

　授業を中核とする教育実践全般を把握するのに参考になる。

第3章
カリキュラム開発

　本章では，カリキュラムを「学びの経験の総体」と捉える立場から，カリキュラムの本質的な意味や教育課程との違い，「学校に基礎をおくカリキュラム開発」や「潜在的カリキュラム」などのカリキュラム理論，さらには近年重視されている「カリキュラム・マネジメント」の要点などを解説する。これらと関連づけて，教育課程に関する法規や学習指導要領の変遷などの基礎知識も整理する。本章全体を通して，カリキュラムを開発する主体は教師であること，また，各学校で日常的に授業改善を積み重ねていくことこそがカリキュラム開発の基盤になることが明らかになる。

I　カリキュラム開発とは

1　カリキュラムとは何か

　「カリキュラム」とは何だろう。われわれは小学校から大学まで，長い学校生活を過ごしてきた。そこには必ずカリキュラムと呼ばれるものがあった。しかし，あらためて「カリキュラムとは何か？」と問われると，よくわからないのではないだろうか。われわれが当然そこにあると思っているけれども，明確には捉え切れていないもの，それがカリキュラムである。しかし，教職を志す諸君にとって，カリキュラムの本質を理解することは必須である。まずはその定義から考えてみよう。

　カリキュラムの語源はラテン語の「クレレ」（currere）であり，古代ローマで行われていた戦車レースの「走路」を意味する。これが拡張され，カリキュラムは「人生の来歴」をも意味するようになった。現在でも英語で curriculum vitae といえば「履歴書」のことである。わが国では，第二次世界大戦後，英語のカリキュラムの訳語として「教育課程」という用語がつくられ，今日まで使われている。一般に教育課程とは次のように定義される。すなわち，「学校教育の目的や目標を達成するために，教育の内容を児童生徒の心身の発達に応じ，授業時数との関連において総合的に組織した各学校の教育計画」であると。この定義にしたがえば，教育課程とは，各学校で授業に先行して作成される全体計画や年間指導計画，単元計画，学習指導案など，文書化された各種の教育計画の総称であると考えられる。

　しかし，文書として編成された教育課程をカリキュラムと同一とみなすと，カリキュラムが本来もつ「人生の来歴」という広い意味が捨象されてしまう。欧米では，カリキュラムという言葉は，教育計画だけではなく，それにもとづく教師の働きかけと子どもの経験の全体をさす概念として用いられている。こ

のようにカリキュラムを広く捉え，これを「学びの経験の総体」と定義することを主張する研究者や国際機関も存在する（佐藤，1985；OECD-CERI，1975）。このように定義されるカリキュラムとは，学校で提供される教育内容を子ども自身が意味づけて自らの経験に組み込み，それを再構成していく側面まで視野に入れる概念とされる。カリキュラムにはこうした広い意味があるにもかかわらず，わが国ではこれまで教育計画という狭い意味で理解されてきた。この背景には，中央集権的な教育課程行政のもと，教育内容の選択と組織に関する教師の裁量がいちじるしく制限されてきたという事情がある。学校で教えるべき内容は中央政府によって決められており，それは動かしようのないものだと教師たちに受け止められてきたということである。

　しかし，もし，各学校で子どもたちの学びの経験をより豊かで質の高いものにすることに教師たちが意識を向ければ，いったん教育課程を編成しても，実際の授業展開の中で子どもたちの姿などから学びの実態を把握し，それを踏まえて教育課程に柔軟に修正を加えたり授業改善を試みたりする必要があることに気づくだろう。ところが実際には，そうした必要性はあまり認識されてこなかった。むしろ，多くの教師の関心は，定められた教育内容を効率的に子どもたちに伝達するための授業技術に向けられてきたということができる。

　カリキュラムの本質は，子どもの学びの経験そのものを重視する点にある。この立場からみると，文書として編成された教育課程だけを問題にするわけにはいかない。そこに書き込まれた学校や教師の教育意図や内容は，授業をはじめとする様々な教育活動を通して一人ひとりの子どもにどのように学ばれ，その学びは彼らの経験の中でどのように意味づけられているのだろうか。その結果として，子どもたちにどのような学力や資質・能力が形成されたのだろうか。子どもの学びに焦点をあてるカリキュラムという概念を用いることで，こうした複雑な全体過程を問い直す視点をもつことができる。

2 カリキュラム開発の源流とその展開

　「カリキュラム開発」とは，米国で1930年代に普及した進歩主義教育に源流をもつ用語である。当時の米国では，カリキュラムは「教師の指導の下で子どもが持つすべての経験」と定義され，教師の授業改善への参加や意思決定が重視された。

　第二次世界大戦後，米国の影響を受けてわが国でもカリキュラムという用語が使われるようになった。1947年に「試案」として刊行された学習指導要領のもとで，新設させた社会科を中核に，地域や学校名を冠したコア・カリキュラムづくりが全国に広がった。当時はデューイ（Dewey, J., 1859～1952）の経験主義の影響を強く受け，地域社会のニーズや子どもの生活経験に即して各学校で教師がカリキュラムをつくり上げていくことが求められた。1951年，学習指導要領の一部改訂に際してカリキュラムの訳語としてつくられた「教育課程」という用語は，文部省（当時）によって「教育的諸経験の総体」と説明されていた。

　しかし，1958年の改訂で学習指導要領の法的拘束性が強調され，教科の系統的な指導が重視されるようになると，学校現場でのカリキュラムづくりの気運は急速に失われていった。これ以降，中央集権的な教育改革が進行する中で，教育課程とは各学校で学習指導要領の具体化を図るための「教育計画」であるとする理解が定着していった。これが現在の文部科学省による「教育課程」の定義にも引き継がれている。

　ところが，後述するように，1974年に「カリキュラム開発に関する国際セミナー」が行われて以降，再び各学校でのカリキュラムづくりが注目され，1998年の学習指導要領改訂では「総合的な学習の時間」が創設されるに至る。

3 学校に基礎をおくカリキュラム開発

　米国で1930年代に提唱された「カリキュラム開発」の概念を1970年代に再び

使ったのは，OECD（経済協力開発機構）のCERI（教育研究革新センター）
であった。CERIは，教育行政の地方分権化や学校への権限委譲をOECD加
盟国共通の課題と捉え，「学校に基礎をおくカリキュラム開発」（School Based
Curriculum Development，以下SBCDと略記）という考え方を提唱した。
1974年，CECD-CERIと文部省（当時）が共催した「カリキュラム開発に関す
る国際セミナー」でスキルベック（Skilbeck, M.）によってSBCDがわが国に
紹介された。このセミナーの報告書の中で，「カリキュラム開発の概念」は次
のように紹介されている（文部省，1975）。

　「カリキュラム開発とは，教授細目の再検討に始まり，教材，教授，学習
　の手続き，評価方法などの計画や構成を含むものである。それは<u>一度つく
　り上げられればそれでしばらくはおしまいといったようなものではなく，
　絶えず検討され，計画され，修正されていく継続的なプロセスである。</u>（中
　略）われわれ日本人がとかく考えやすいカリキュラム改訂＝国家的事業と
　いったようなものではなく―こうした面ももちろんあるが―，むしろ<u>教師
　の日々の創意や工夫の積み上げ</u>といった意味あいの強いものなのである。」
　（下線は筆者による）

　また，従来わが国で用いられてきた「教育課程編成」という言葉との相違に
ついて，

　「そもそもカリキュラム開発という言葉自体わが国においては比較的なじ
　みが薄いものではないかと思う。これに対応する言葉としては教育課程の
　編成とか展開といったものがあるが，いづれも右に述べたようなカリキュ
　ラム開発のもつダイナミックさを欠くように思われる。これはわが国の一
　部の人たちが考えるような，教育課程とは指導要領で，その展開とは指導
　要領の各学級での具体化といった考え方，言いかえればカリキュラムを上
　から与えられたもので，教師たちが自らつくってゆくものとは見ない考え
　方に通ずるものである。（中略）このことは本来誤りなのであるが，こう
　した考え方に対して反省を与え，新たなダイナミックなカリキュラム観に
　ついて目を開かせたという点において，このセミナーが従来の用語にとら

われずに原語 curriculum development に忠実にカリキュラム開発という
　　訳語を用いたことはよかったと思う。」
と述べ，従来の「教育課程編成」と区別して，あえて英語を直訳した「カリキュ
ラム開発」という言葉を使うことの意義を強調している。報告書によれば，こ
うしたカリキュラム観は，カリキュラムを「学習経験の総体」と広く定義する
ことによって「必然的に生まれてきた」ものであるという。

　この記述から，SBCD においてカリキュラム開発の基盤は個々の教師の日常
的な授業改善の積み重ねにおかれていることが理解できる。しかし，授業改善
がそのままカリキュラム開発になるわけではない。SBCD は各学校においてカ
リキュラムに関する意思決定が組織的かつ継続的に行われ，様々な学校内外の
状況や学習者の条件に応じて教育計画が絶えず検証・修正されていくプロセス
を重視する。スキルベックによれば，学校内の状況とは，①子どもの特性やニー
ズ，②教師の価値観や経験，③学校の雰囲気と利害関係，④資料の蓄積と施設・
設備，⑤現行カリキュラムの問題点の発見などである。学校外の状況とは，①
社会的要請，②国の政策や教育行政の要求，③教科の特性，④教師への専門的
支援，⑤学校に供給される資源などである（Skilbeck, 1979）。これらの状況
を踏まえて各学校の教育目標が設定され，その目標を実現するための教育計画
が立案されなければならない。日々の授業は，具体的な子どもの学びを通して
目標や計画の適切性が検証・評価される場である。つまり，SBCD は日常的な
授業改善を指導法の改善にとどめず，それを学校全体のカリキュラムの改善に
つなげる発想をもつのである。この国際セミナーをきっかけに，教育学研究者
や教育行政関係者の間では，カリキュラム開発への教師の参加を促す学校組織
の在り方や，教師の力量を高める現職研修の必要性，教育行政からの学校への
支援や学校内外の連携の推進策等について，議論が繰り広げられた。
　これ以降，わが国でも，教育課程に関する裁量を学校や教師にゆだね，各学
校で子どものニーズと地域の実態に即した「特色づくり」を推進することに教
育改革の重点がおかれるようになった。

4　潜在的カリキュラム

　カリキュラムを子どもの学びの経験の総体と定義する立場からは，日々の学校生活や授業での教師とのかかわりを通して，実際に子どもたちに経験されている内容こそがカリキュラムの実体であると捉えられる。一方，各学校で編成される教育課程や指導計画には，学校や教師の教育意図が示されている。「潜在的カリキュラム」の研究は，子どもたちが「結果的に」学ぶ経験内容に着目し，教師が意図的に伝達する教育内容が必ずしも意図通りに学ばれているわけではない事実を浮き彫りにした。

　潜在的カリキュラム（隠れたカリキュラム，hidden curriculum）とは，学校で教師によって与えられる意図的・計画的な教育内容のほかに，学校生活の中で子どもたちが潜在的に学び取っている価値，態度，および社会規範などをさす。学校には，教師によって言明されることなく，子ども同士の関係，教師と子どもとの関係，学校や教室の雰囲気，教師の何げない言動などによって，知らず知らずのうちに子どもたちに学び取られ，彼らの人間形成に強力な影響を与えているものがある。これが意図的・計画的に組織された教育課程（顕在的カリキュラム）と対になり，授業や学級での諸活動を促進したり妨げたりしている。

　米国のジャクソンによると，子どもたちは規則，規制，習慣を主成分とする潜在的カリキュラムを通して「我慢すること」を習得しており，これを基礎として，社会生活に必要な要領や知恵というべき技能を獲得するという（Jackson, P. W., 1968）。教師の立場からみれば，潜在的カリキュラムは授業秩序の維持や学級経営に大きく関係している。これを自覚することはカリキュラムの改善を試みるうえで重要である。例えば，教室内には，その学級の子どもたちに共有されている暗黙のルールや行動パターンにうまく適応できない子どもがいることが珍しくない。こうした子どもは授業中も不利な立場におかれ，結果的に期待される学力水準に到達できず，学習意欲を喪失していく傾向がある。こうした現象の背後には「集団に合わせる」ことに価値をおく潜在的カリキュラム

が作用していると考えられる。教師がこのことを自覚すれば，学級の人間関係や習慣化された活動を見直したり，日々の授業の進め方や個々の子どもとのかかわり方を点検したりすることができる。これによって，集団から外れた行動を取りがちな子どもの特性を生かすような活動を授業に取り入れるなどの工夫や改善にもつながるだろう。カリキュラムの改善は，教育課程の改善にとどまらず，こうしたミクロな視点からカリキュラムの内実を変えていく努力によって達成される。こうした努力を積み重ねることは，学校や学級の文化を変革し，多様な子どもの学びを支えることにもつながる。

Ⅱ　カリキュラムの構造と類型

1　カリキュラムの階層的構造

　一般的に，学校現場では，カリキュラムといえば学習指導要領や教育課程をさしている場合が多い。しかし，これらは国や学校の教育意図を表現した計画にすぎず，それらが子どもたちにどのように学ばれ，結果的にどのような学力や資質・能力が形成されたかを視野に入れていない点で，カリキュラムの実体を捉えているとはいいがたい。そこで，教育意図が教育結果へと具体化される全体過程を俯瞰してみると，カリキュラムは以下のような階層的な構造をもつことがわかる。

Ⅰ「制度カリキュラム」	
Ⅱ「計画カリキュラム」	意図されたカリキュラム
Ⅲ「展開カリキュラム」	
Ⅳ「結果カリキュラム」	意図されなかったカリキュラム

　Ⅰは学習指導要領として制度的に定められたカリキュラムを，Ⅱは各学校で編成される教育課程として，学校教育目標の達成に向けた全体計画や各教科・領域の年間指導計画・単元計画，あるいは授業の学習指導案として組織された

ものをさす。Ⅲは教師が授業等で実践し展開するものを，そしてⅣは，実践の結果として子どもたちが経験し学び取った内容を，それぞれさしている。ここで前節で述べた「潜在的カリキュラム」の議論を想起すると，ⅠからⅢまでは，国や学校もしくは教師が一定の教育意図をもつことを前提にしているのに対して，Ⅳでは，その意図が意図通りには経験されない可能性も排除されていない。Ⅰ〜Ⅳに表されるカリキュラムの階層構造に注目すると，学校や学級では日常的に「教育意図と学習経験の乖離」（ズレ）が生じていることに気づかされる（田中，2001）。

　従来の教育学研究者や現場の教師たちは，Ⅰの制度的に定められた教育意図やⅡ・Ⅲの学校や教師の教育意図が一義的にⅣの結果を統制すると考えがちであった。すなわち，[Ⅰ→Ⅱ→Ⅲ→Ⅳ] という一方向の流れをもつ構造として自明視される傾向があった。そのため，Ⅰ・Ⅱ・ⅢとⅣの間にある乖離の実態を把握することに十分に関心が払われてこなかったといえるだろう。

　しかし，各層のカリキュラムがもつ性質に目を向けると，Ⅰは客観的・抽象的な学問や文化の体系をよりどころに，それらが各教科の目標と関連づけられ組織化された構成物である。これに対して，Ⅳは，教師の意図的な働きかけの影響を受けつつも，子ども自身の生活経験や学習歴をよりどころとし，多様な知識・技能や価値観・態度などが個人の主観的な内面の世界に統合されていく過程である。この両者の間に一定の乖離が生じるのはむしろ自然であろう。したがって，ⅠとⅣの間でⅡとⅢを担う学校や教師は，制度化され計画化されたカリキュラムを子どもに一方的に送り届ける立場ではない。客観的・抽象的な学問・文化の世界と個々の子どもの経験世界との間を媒介し，両者をつなぐ役割を果たすことが重要である。教師は媒介者としての役割を果たすために，各学校で教育課程を編成したり授業を展開したりするだけでなく，授業の中で子どもの学びの姿から実態を把握し，いったん作成した教育課程を修正したり授業改善を積み重ねていく。教師には，学問や文化に精通しその教育的価値を見極めると同時に，個々の子どもの興味・関心やニーズを把握しそれに的確に応答していくことも求められる。ここに，カリキュラム開発において教師の主体

性が強調される理由がある。

2 カリキュラムの全体構造とその類型

(1) カリキュラムの全体構造

　カリキュラムの構造は，それを構成する領域の類別やその関連づけの仕方という側面からも捉えることもできる。これをカリキュラムの「全体構造」という。現行の学習指導要領に照らしてみると，小学校のカリキュラムは「各教科」「特別の教科　道徳」「外国語活動」「総合的な学習の時間」「特別活動」の５領域からなる。中学校は「各教科」「特別の教科　道徳」「総合的な学習の時間」「特別活動」の４領域からなる。高等学校は「各教科」「総合的な探究の時間」「特別活動」の３領域からなる。さらに，各教科は学問・文化の体系に応じて細分化され，それぞれの目標に応じて教科内容が組織されている。カリキュラムの全体構造は，どのように教育内容を選択し組織するかという原理のちがいによって，様々なタイプのものがあり得る。

(2) 教科カリキュラムと経験カリキュラム

　どのような原理にもとづいて教育内容を選択し組織するのかによって，カリキュラムの全体構造は様々なタイプに分類できる。一般的には，①学問や文化の系統性と子どもの生活経験のどちらに重点をおいて教育内容を組織するかという観点から「教科カリキュラム」と「経験カリキュラム」とに，また，②各教科を分化的に組織するか統合的に組織するかという観点から「分化型」と「統合型」に分類されることが多い。これらは単なる理念型にすぎないけれども，各学校でカリキュラム開発を推進する際，既存のカリキュラムの構造にとらわれず柔軟にそれを組み替えて構造化を試みるための手がかりとなる。

　教科カリキュラムは，文字通り，教育内容を教科内容として組織したカリキュラムである。教科は，古代ギリシア・ローマにおいて市民階級の教養とされていた七自由科（文法，修辞学，弁証法の三学と算術，幾何，天文，音楽の四科）に起源をもつ。このカリキュラムは，これまで人類が蓄積してきた文化遺産（学

問，科学，技術，芸術など）を体系的に子どもたちに伝達することに重点をおく。ただし，現代の学校教育では学問と教科は同一ではない。学問や文化は子どもたちの発達段階やその時代の教育目標に適合するように再構成されてはじめて教科となるから，そこには一定の教育的配慮が施されている。しかし，それでも，教科カリキュラムは各教科の背後にある学問・文化体系をよりどころにして教科内容が決定される特徴をもつため，次に述べる経験カリキュラムとは対照的なものとみなされてきた。そのため「教科か経験か？」という二者択一の議論が繰り返されてきた。

　というのも，経験カリキュラムは，教育内容を組織するよりどころを学問・文化の系統性ではなく，むしろ子ども自身の生活経験に求めるからである。歴史的には，学校教育において子どもの生活を重視する思想は，近代学校の成立とともに多教科並立の百科全書的なカリキュラムが普及した19世紀初頭から，その実際生活からの遊離という弊害を克服するための教育方法上の改善策として提唱されてきた。こうした経緯から，経験カリキュラムは，子どもたちが親しみをもって対象に働きかけることのできる生活上の諸問題や現実の社会課題から教育的に価値のある諸経験を選択し組織するという方法をとる。子どもたちが自ら課題を解決していく試行錯誤の過程で，学問的な知識の必要感が生まれ，その有用性の実感を伴う知識習得が促されることをねらう。そのため学問や文化の価値を軽んじているわけでは決してないが，それを教師主導で系統的に教え込むことを極力避けようとする。ここに，教科カリキュラムと経験カリキュラムとの大きな違いがある。

　経験カリキュラムは，子どもたちが課題を自分事として捉え，問題解決に向けて議論することや計画を立てること，実践することや振り返ることなどを繰り返す中で，思考力や表現力が高められ，関連する知識や技能も習得されることに期待を寄せる考え方である。子どもたちの学習に対する主体性を引き出し多様な学び方を身に付けさせるうえでも効果があるとされる。とりわけ小学校低学年の段階では，遊び，制作，表現などの活動的な内容が積極的に展開される。

これに対して，教科カリキュラムを支持する立場からは，経験カリキュラムが子どもに主導権を与えているため，学問や文化の系統性への配慮を欠き，教師による系統的な指導が希薄になるという批判が向けられることになる。逆に，経験カリキュラムの立場からは，教科カリキュラムは子どもの生活経験から遊離した知識を教師が画一的に伝達する「注入主義」に陥っているということになる。

　しかしながら，実際のカリキュラム開発においては，この両者は二者択一ではない。教師は，教科の系統性と子どもの生活経験の双方のバランスをとりながら，具体的な教材や主題，活動などを選択し，教育内容を組織していく。当然，関連性のある複数の教科を横断的に扱ったり，それらを一つにまとめて教えることもあり得るし，子どもたちの興味・関心や体験を中心にして，それとの関連から各教科の内容を教えていくという方法が取られることもある。

(3) 教科の「分化」と「統合」

　そこで，教科相互の関係を「分化」的に配置するか，「統合」的に配置するかという観点から，カリキュラムの全体構造を図3−1のように類型化しておき，これを視点として各学校でカリキュラムの全体構造を見直すことが現実的であろう。

　①の教科並列型は文字通り多教科が並列に配置されている形態，②の相関型は関連のある内容を積極的に関連づけて組織する形態，③の融合型は新しい教科をつくる形態，④の広領域型は比較的広いいくつかの領域を構成する形態である。⑤のコア・カリキュラムは，子どもの生活経験にもとづく領域をコア（中心）に据え，その周辺に知識・技能等を習得するための教科や領域を配置する立体的な構造をもつ形態である。

　カリキュラム開発においては，教師は，教科の系統性と子どもの生活経験の両方を視野に入れ，必要に応じて教科間の関連づけを図ったり，現代社会や生活上の課題を軸に教科等を横断して学べるようにカリキュラム構造を工夫したりすることが求められる。

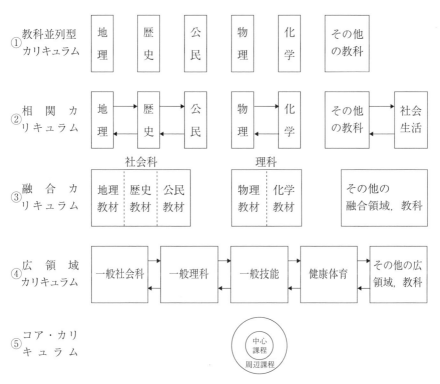

図3-1 カリキュラムの類型（長谷川ほか，1995より一部改変）

Ⅲ 教育課程と学習指導要領

　カリキュラムとは子どもの学びの経験の総体とも捉えられる広い概念であるが，その背後には教育課程にかかわる法規と学習指導要領があることも事実である。ここでは，教育課程に関する主な法規と学習指導要領について概説する。

1　教育課程にかかわる法規

(1)　学校教育の目的と目標

　学習指導要領とは何かを考える前提として，まずは，わが国の学校教育がどのような目的や目標のもとで行われているかを理解しておく必要がある。

　もし，「学校教育を通じて子どもをどのような人間に育てるのか，そのために何を教えるのか」という社会的なコンセンサスがなかったら，どうなるだろう。個々の教師が自分の教えたいことを自由に教えることが許されるかもしれない。少年サッカーチームの指導者が子どもたちにサッカーを教えるならそれでもいいだろう。この場合，指導者は「サッカーを教えたい」と望み，子どもたちも「サッカーが上手くなりたい」と願っている。最初から双方の目的が一致している。一方，学校教育は日本国内で生活している一定年齢の子どもたち全員を対象にする長期にわたる営みである。子どもたちは始めから「○○を学びたい！」という明確な目的をもって学校に入ってくるわけではない。そういう多様な子どもたちの「学びたいこと」と教師の「教えたいこと」が一致しなければ教育ができないとしたら，学校教育は成り立たない。もちろん，教師一人ひとりにはもち味や個性があり，子どもに対する接し方や教え方も様々である。しかし，学校教育においては，社会全体として，子どもを「どういう人間に育てるのか」，そのために「何を身に付けさせる」のかという前提となる考え方が共有されており，それを踏まえて各学校の特色を活かし，個々の教師が個性を発揮しつつ教育実践を進めていくのである。

　それでは，社会的に共有され教師の教育実践の前提となる学校教育の目的や目標とはどのようなものだろうか。教育基本法の第1条（教育の目的）には，「教育は，人格の完成を目指し，平和で民主的な国家及び社会の形成者として必要な資質を備えた心身ともに健康な国民の育成を期して行われなければならない」とある。ここから，わが国の教育の根本的な目的は「人格の完成」であることがわかる。しかし，この理念から，実際に教師が目の前の未熟な子どもたちに何を教え，どのように働きかければよいのか，その具体的な手がかりを得

ることは難しい。そこで，この「目的」を踏まえ学校教育の「目標」を明示し
たものが学校教育法である。例えば，同法第21条には，「義務教育の目標」と
して「1．学校内外の社会的活動を促進し，自主，自律及び協同の精神，規範
意識，公正な判断力及び公共の精神に基づき主体的に社会の形成に参画し，そ
の発展に寄与する態度を養うこと」「2．学校内外における自然体験活動を促
進し，生命及び自然を尊重する精神及び態度を養うこと」など10項目が示され
ている。この中には，「生活に必要な国語を正しく理解し，使用する」「数量的
な関係を正しく理解し，処理する」など，各教科を通じて育成される能力も含
まれている。

　これらの目標をうけ，学校種（幼稚園，小学校，中学校，高等学校，特別支
援学校など）ごとの目的も学校教育法に示されている。例えば，小学校につい
ては「小学校は，心身の発達に応じて，義務教育として行われる普通教育のう
ち基礎的なものを施すことを目的とする」（第29条）とされている。「心身の発
達に応じて」とは，子どもの年齢や学年に応じて適切な教育内容が配置され，
それが計画的に実施されなければならないことを示している。さらに，学校教
育法施行規則において，各学校種で設置する教科等の名称と各学年における総
授業時数の標準が示されている。

　このように，わが国では，法令で定められた学校教育の目的や目標の実現に
向けて各学校で教育実践がすすめられている。これらの法令のもとで，学習指
導要領において，各教科や領域ごとに具体的な目標，内容や指導計画作成上の
配慮事項等が示されているわけである。

(2)　教育課程の編成

　学習指導要領は文部科学大臣が教育課程の基準として公示し，官報に告示と
して掲載される。このことから，学習指導要領は法的拘束力を有すると解釈さ
れている。

　1989年の改訂以降，学習指導要領の「総則」に「各学校において……教育課
程を編成する」と明記され，教育課程は各学校で編成するものであることが明
確にされた。それまでは「学校において……編成する」と表記されていた。こ

のことは，それまで学校現場に裁量の余地がほとんどないといわれていた学習指導要領の規定を大綱化・弾力化し，各学校の創意工夫によって「特色ある学校づくり」を促そうとする教育行政の意図のあらわれであるとみられる。

　教育課程について，『小学校学習指導要領解説　総則編』に次のように説明されている（中学校・高等学校では「児童」を「生徒」とおきかえる）。

> 学校において編成する教育課程については，学校教育の目的や目標を達成するために，教育の内容を児童の心身の発達に応じ，授業時数との関連において総合的に組織した各学校の教育計画である

　教育課程は，「全体計画」「年間指導計画」「単元計画」「授業計画（学習指導案）」などの形で具体化される。年間指導計画以下の部分的な計画は「指導計画」とも呼ばれる。

　教育課程の編成権は校長にあるとされている。しかし，実際の編成作業にはその学校の全教職員が参加し，十分に共通理解を図りながら作成することが重要である。

(3)　教科書と補助教材

　一般に，教科書とは一定の学習領域を学ぶために編集された書物をさす。学校教育においては「教科書の発行に関する臨時措置法」の第2条で，「小学校，中学校，高等学校及びこれに準ずる学校において，教育課程の構成に応じて組織配列された教科の主たる教材として，教授の用に供せられる児童又は生徒用図書であって，文部科学大臣の検定を経たもの又は文部科学省が著作の名義を有するもの」と規定されている。一般に教科書といえば，いわゆる「検定教科書」を意味しているが，それは民間の出版社によって学習指導要領に準拠して作成され，「教科の主たる教材」として「文部科学大臣の検定を経」て供給される「児童又は生徒用図書」であり，授業での使用を義務づけられているものである。公立小・中学校の検定教科書の採択権は教育委員会にあり，都道府県をいくつかに分けた教科書採択区域ごとに決定される。

教科書はあくまで「主たる教材」であり，教科書だけで授業が成立するわけではない。教科書以外の授業で使用する教材を「補助教材」という。「地方教育行政の組織及び運営に関する法律」第33条によれば，「学校で使用する教科書以外の教材，たとえば副読本，学習帳等の使用については，あらかじめ教育委員会に届け出させ，また承認を受ける定めを設けなければならない」ことになっている。しかし，実際には副読本や資料集は届け出のみ，新聞・雑誌のコピーや教師の自作プリントについては届け出も承認も特に必要とされていない（下村，1995）。

教材は，授業において教師が教科内容を「教える」行為と子どもの「学ぶ」行為を結ぶものである。言いかえると，人類が歴史的に蓄積し共有する様々な学問や文化と子どもの経験とを媒介するものである。したがって，教科書や補助教材がそこに存在しているだけでは適切な教材が用意されたとはいえない。本来，教材とは，教師自身が教科の背景にある学問や文化の価値に照らして，その授業で子どもに学ばせようとする内容を選択・組織し，その学びを成立させるための具体的な「材」として用意するべきものである。検定教科書が「主たる教材」であるということは，教科書の内容をそのまま教えればよいという意味ではない。教師が学問・文化の体系と子どもの学びの両方を念頭におき，教材の教育的な価値を吟味することは，授業成立のための大前提である。

2 学習指導要領

学習指導要領は，国によって定められた，各学校で教育課程を編成する際の基準である。現行の学習指導要領は，第1章で「総則」を，第2章以下では，各教科・領域ごとに「目標」「各学年の目標及び内容」「指導計画の作成と内容の取り扱い」などを箇条書きで示している。国が教育課程の基準を設定している理由は，第一に教育の機会均等を確保するため，第二に全国的に一定の教育水準を維持するためである。

学習指導要領は，文部科学大臣の諮問機関である中央教育審議会の答申を受

けて，文部科学省が作成することから，先述のカリキュラムの階層のうち「制度カリキュラム」の位置を占め，法的拘束力を有すると解釈されている。しかし，第二次世界大戦後の1947年に初めて刊行された学習指導要領は「試案」とされ，「教師が自分で研究をすすめていくための手引き」とされていた。1958年の改訂以後，文部大臣（2001年からは文部科学大臣）が告示する形式をとるようになり，その法的拘束性が強調されるようになった。

(1) 学習指導要領の変遷

これまで学習指導要領はおよそ10年ごとに改訂されてきた。過去の改訂から，社会の変化が学習指導要領に影響を与えていることが読み取れる。

1947年に刊行された最初の学習指導要領は，この前年に連合国総司令官マッカーサーに提出された「米国教育使節団」の勧告にのっとって編集された。そのため，米国で1930年代に大きな広がりをみせた進歩主義教育の影響を受けていた。進歩主義教育とは，デューイによるシカゴ大学附属実験学校の実践を起源とし，学校教育に「経験主義」と呼ばれる大きな流れを生み出した教育運動である。この影響を強く受けた当時の学習指導要領は，教育の出発点を地域の要求や児童の生活に求め，各学校で「教科課程」を創意工夫することを求めていた。学習指導要領の表紙には「試案」と明記されていた。その「序論」では，学習指導要領が戦前のように学校で教えるべき内容をこと細かに統制しようとするものではなく，各学校で教師がよりよい教育の内容や方法を研究し，つくり上げていくための「手引き」であることが強調されていた。

この学習指導要領の最大の特徴は，戦前の修身・地理・歴史を廃止し，「社会科」「家庭科」「自由研究」を新教科として設置したことである。特に社会科は，経験主義の教育を展開するうえで中心（コア）とされ，各地で「コア・カリキュラム」のプランづくりが精力的に試みられた。「川口プラン」「北条プラン」「明石附小プラン」などがよく知られている。しかし，こうしたカリキュラムは，子どもに習得させる知識・技能が明確でないことから，「這い回る経験主義」との批判を浴び，間もなく衰退していくことになった。

1951年には，47年版学習指導要領の不備を補うための改訂が行われた。この

改訂で「教育課程」という言葉がはじめて用いられた。小学校の教育課程は「教科」と「教科以外の活動」，中学校は「教科」と「特別教育活動」のそれぞれ2領域に区分され，従来の課外活動が正規の教育活動として位置づけられた。47年版で新設されていた「自由研究」はこの改訂で「教科以外の活動」もしくは「特別教育活動」に統合された。学習指導要領の「試案」という性格は変更されなかった。

　1958年（高校は60年）の改訂から学習指導要領は告示となり，法的拘束力をもつとされるようになった。47年・51年版で重視されていた経験主義を転換し，教科の系統性を重視する方針が打ち出され，基礎学力の充実と科学技術教育の振興のため，国語，算数（数学），理科の内容と授業時数の増加が図られた。小・中学校に「道徳の時間」が特設された。

　1868年（中学校は69年，高校は70年）の改訂では，教科の系統性がいっそう重視され，算数（数学）と理科を中心に教育内容の「現代化」が図られた。現代化とは，1960年代に現代科学の成果を学校教育に反映させようと世界的に展開したカリキュラム改造運動である。アメリカでは，1957年のソ連による人工衛星スプートニク１号の打ち上げ成功により，現代科学の研究成果を学校の教育内容に正しく反映させることが国家的な関心事となった。ブルーナー（Bruner, J.S., 1915～2016）は，全米の科学者と教育学者が集ったウッズホール会議の成果をもとに『教育の過程』（1960）を著した。この本で，彼は，科学や学問の基本概念や法則は，子どもの認知能力の発達に合わせて構造化することで，発達のどの段階の子どもにも知的性格を保ったまま教えることができるという理論を提示した。こうした理論にもとづく教育内容の現代化運動がわが国でも展開され，学習指導要領にも影響を与えたのである。

　しかし，学習指導要領で行われた現代化の実態は，それまで上学年で教えられていた内容を下学年に下ろすという教育内容の高度化・過密化であった。その結果，学校現場では「詰め込み教育」が常態化し，授業時数の増加とあいまって，大量の「落ちこぼれ」を生み出したと批判された。

　1977年（高校は78年）の改訂では，68年改訂が受験競争の激化や「落ちこぼ

れ」など深刻な教育荒廃をもたらしたとの批判を踏まえて,「人間性豊かな児童・生徒」を育成し,「ゆとりあるしかも充実した学校生活」を送れるようにすることをめざした。教育内容の精選が図られ,各学校の創意工夫を生かす目的で,「学校裁量の時間」(ゆとりの時間) が設けられた。さらに,各学校が学習指導要領を弾力的に運用できるよう,記述が簡略化された。

1989年の改訂では,77年改訂の路線を受け継ぎながら,「自己教育力」の育成や個性を生かす教育の実現がめざされた。また,国際化への対応が重視された。小学校低学年では理科と社会が廃止され,「生活科」が新設された。中学校と高校では選択履修幅が拡大され,習熟度別指導の導入が可能になった。高校の社会科が「地理歴史科」と「公民科」に分割され,「世界史」が必修となった。

1998年 (高校は99年) には,子どもたちに「生きる力」を育成することをめざし,①豊かな人間性や社会性,国際社会に生きる日本人としての自覚を育成すること,②自ら学び,自ら考える力を育成すること,③ゆとりある教育活動を展開する中で,基礎・基本の確実な定着を図り,個性を生かす教育を充実すること,④各学校が創意工夫を生かし特色ある教育,特色ある学校づくりを進めることなどの方針にもとづき学習指導要領が改訂された。この改訂は学校週5日制への完全移行を伴っていたため,教育内容の厳選,授業時数の大幅な削減,記述内容の大綱化と運用の弾力化が図られた。また,「総合的な学習の時間」が新設された。

「総合的な学習の時間」のねらいは,①自ら課題を見付け,自ら考え,主体的に判断し,よりよく問題を解決する資質や能力を育てること,②学び方やものの考え方を身に付けること,③問題解決や探究活動に主体的・創造的に取り組む態度を育て,自己の生き方を考えることができるようにすることとされ,「生きる力」を育成するための中核に位置づけられていた。学習内容に関する教科のような細かい規定はなく,各学校の裁量にゆだねられた。つまり,「総合的な学習の時間」には「特色ある学校づくり」を推進するための中心的な役割が期待されていた。

　しかしながら，授業時数の削減が子どもたちの学力低下を招くのではないかと危惧する声もあり，2003年には学習指導要領の一部改訂が行われた。学習指導要領は最低基準であることが明確にされ，「確かな学力」を育成するための指導の工夫がよりいっそう求められるようになった。

　2008年に小学校と中学校の学習指導要領が，2009年には高校の学習指導要領が改訂された。この改訂は2006年に改正された教育基本法の理念を踏まえるとともに，現代の子どもたちの課題に対応する観点から，①「生きる力」という理念の共有，②基礎的・基本的な知識・技能の習得，③思考力・判断力・表現力等の育成，④確かな学力の確立のために必要な授業時数の確保，⑤学習意欲の向上や学習習慣の確立，⑥豊かな心や健やかな体の育成のための指導の充実の6つをポイントとして行われた。

　「生きる力」という理念は1996年の中央教育審議会によって提唱されたものであったが，21世紀は知識基盤社会の時代とされ，2008年の改訂ではいっそう強調された。「生きる力」は「変化の激しい社会を担う子どもたちに必要な力」であるとされ，①基礎・基本を確実に身に付け，いかに社会が変化しようと，自ら課題を見付け，自ら学び，主体的に判断し，行動し，よりよく問題を解決する資質や能力，②自らを律しつつ，他人とともに協調し，他人を思いやる心や感動する心など豊かな人間性，③たくましく生きるための健康や体力の3つに整理された。これら3要素のうち①は「確かな学力」とも言いかえられ，これを育成するため，各教科において基礎的・基本的な知識・技能の習得を重視するとともに，観察・実験やレポートの作成，論述など知識・技能の活用を図る学習活動を充実し，さらに，「総合的な学習の時間」を中心として各教科で習得した知識・技能を相互に関連づけながら解決するなど探究活動の質的な充実を図ることも重視された。習得・活用・探究のバランスのとれた質の高い学習活動を通して，子どもたちの思考力・判断力・表現力等を育成するため，すべての教科で「言語活動の充実」が強く求められた。また，小学校5，6年生に「外国語活動」が新設された。

　2015年3月，学習指導要領が一部改訂され，従来の道徳の時間が「特別の教

科 道徳」(道徳科) へと改められた。

　従来から道徳教育は,「道徳の時間」を要として学校の教育活動全体を通じて行うものとされてきた。しかし, 複雑な歴史的経緯に影響されていまだに道徳教育そのものを忌避しがちな風潮があること, 他教科に比べて軽んじられていること, 読み物の登場人物の心情理解のみに偏った形式的な指導が行われる例があるなど, 多くの課題が指摘されてきた。そこで,「道徳の時間」を「特別の教科 道徳」と改めることにより, 目標をより明確で理解しやすくすること, 内容をより発達の段階を踏まえた体系的なものにすること, 指導方法を多様で効果的なものへと改善すること, 検定教科書を導入すること, 一人ひとりのよさを伸ばし成長を促すための評価を充実することなどが行われ,「考える道徳」「議論する道徳」への転換が図られた。

(2) 現行学習指導要領 (2017年改訂) の特徴

　2016年, 中央教育審議会は「幼稚園, 小学校, 中学校, 高等学校及び特別支援学校の学習指導要領の改善及び必要な方策等について (答申)」を発表した。この答申で「よりよい学校教育を通じてよりよい社会を創る」という目標を学校と社会が共有し, 連携・協働しながら, 新しい時代に求められる資質・能力を育む「社会に開かれた教育課程」を実現するための学習指導要領の枠組の改善方針が以下の6点にわたって示された。

①「何ができるようになるか」(育成を目指す資質・能力)
②「何を学ぶか」(教科等を学ぶ意義と, 教科等間・学校段階間のつながりを踏まえた教育課程の編成)
③「どのように学ぶか」(各教科等の指導計画の作成と実施, 学習・指導の改善・充実)
④「子供一人一人の発達をどのように支援するか」(子供の発達を踏まえた指導)
⑤「何が身に付いたか」(学習評価の充実)
⑥「実施するために何が必要か」(学習指導要領等の理念を実現するために必要な方策)

　これらを踏まえ，2017年には小・中学校の学習指導要領が，2018年には高等学校の学習指導要領が改訂された。この現行学習指導要領の最大の特徴は，各学校において教育課程を軸に学校教育の改善・充実を図る「カリキュラム・マネジメント」の充実を図ることが求められていることである（カリキュラム・マネジメントについては後述）。

　また，外国語で多様な人々とコミュニケーションを図るための基礎的な能力を育成するため，小学校3，4年生に「外国語活動」が，5，6年生に「外国語科」が新設された。さらに各教科等の特質に応じ，プログラミング体験などを計画的に実施することも盛り込まれた。ただし，あくまで情報活用能力や論理的思考力を育成することが目的とされ，プログラミングの技能の習得を直接めざすものではないことに注意が必要である。

Ⅳ　カリキュラム・マネジメント

1　「総合的な学習の時間」とカリキュラム・マネジメント

　先述した通り，総合的な学習の時間は，1998年の学習指導要領改訂で創設されたものである。それから2017年の学習指導要領改訂に至るまで，その理念や強調点に多少の変化はあるものの，総合的な学習の時間は一貫して教育課程の中心に位置づけられてきた（高校は18年の改訂で「総合的な探究の時間」に名称変更）。すなわち，総合的な学習の時間は，現代社会の諸課題や地域・学校の身近な課題の解決をめざし，子ども自身が試行錯誤し，各教科で習得した知識や技能を活用する「探究的な学び」を通して，課題解決の方法や積極的に社会に参画しようとする態度，さらには自己の生き方を考えることのできる資質や能力などを育む時間と位置づけられている。子どもたちは課題を探究する過程で，各教科で学んだ知識や技能の関連性や有用性を実感し，より深い理解を得ることができる。それにとどまらず，様々な課題解決に役立つ汎用的な能力

や高次の思考力を身に付けることができると考えられている。

　こうした「習得・活用・探究」という学習プロセスを実現するには，教科等の縦割りを越えた視点から教育課程を見直すことも必要である。

　2017年の学習指導要領改訂の方針を述べた中央教育審議会答申「幼稚園，小学校，中学校，高等学校及び特別支援学校の学習指導要領の改善及び必要な方策等について」（2016年）は，教科等を越えて教育課程全体で育成をめざす「資質・能力の３つの柱」（「知識・技能」，「思考力・判断力・表現力等」，「学びに向かう力，人間性等」）を示した。さらに，各学校で「３つの柱」を踏まえて教育目標を明確化することや，「教科等横断的な視点」から教育内容を組織することなどを強調し，「カリキュラム・マネジメント」を次の３つの側面に整理して示した。

「カリキュラム・マネジメント」の３つの側面
①各教科等の教育内容を相互の関係で捉え，学校教育目標を踏まえた教科等横断的な視点で，その目標の達成に必要な教育の内容を組織的に配列していくこと。
②教育内容の質の向上に向けて，子供たちの姿や地域の現状等に関する調査や各種データ等に基づき，教育課程を編成し，実施し，評価して改善を図る一連の PDCA サイクルを確立すること。
③教育内容と，教育活動に必要な人的・物的資源等を，地域等の外部の資源も含めて活用しながら効果的に組み合わせること。

　これ以前の学習指導要領にはカリキュラム・マネジメントへの直接的な言及はなく，2008年の学習指導要領改訂に伴って示された『学習指導要領解説　総合的な学習の時間編』の中で「計画，実施，評価，改善というカリキュラム・マネジメントのサイクルを着実に行うことが重要である」と記されていた程度であった。2017年の改訂では①と③の側面を含めて捉え直された。とりわけ①の中に「教科等横断的な視点」が明記されていることが特徴である。

2 「社会に開かれた教育課程」とカリキュラム・マネジメント

2017年の学習指導要領改訂の理念は「社会に開かれた教育課程」の実現である。2016年の中央教育審議会答申は，「社会とのつながりを重視しながら学校の特色づくりを図っていくこと」と「現実の社会との関わりの中で子供たち一人一人の豊かな学びを実現していくこと」が課題であると述べ，「社会に開かれた教育課程」の要素を次のように整理している。

「社会に開かれた教育課程」

①社会や世界の状況を広く視野に入れ，よりよい学校教育を通じてよりよい社会を創るという目標を持ち，教育課程を介してその目標を社会と共有していくこと。

②これからの社会を創り出していく子供たちが，社会や世界に向き合い関わり合い，自らの人生を切り拓いていくために求められる資質・能力とは何かを，教育課程において明確化し育んでいくこと。

③教育課程の実施に当たって，地域の人的・物的資源を活用したり，放課後や土曜日等を活用した社会教育との連携を図ったりし，学校教育を学校内に閉じずに，その目指すところを社会と共有・連携しながら実現させること。

わが国では1990年代後半から「開かれた学校づくり」が推進されてきた。これは，学校と家庭や地域との連携を推進し，学校運営への地域住民の参加を通して「学校を社会に開く」という考え方であった。これに対して「社会に開かれた教育課程」は，教育課程の目標を社会と共有することや，子どもたちに育むべき資質や能力を「これからの社会」を見通して明確化することを求めており，「学びを社会に開く」ことをめざしている。

「学びを社会に開く」とは，子ども自身が社会とのかかわりの中で学ぶことの意味を振り返ったり，社会活動に参画し社会の一員としての責任感や自覚を

高めたり，これからの社会をつくる主体として自らの生き方を見つめなおしたりすることであろう。

　カリキュラム・マネジメントは，従来「学校におけるPDCAサイクルの確立」と一面的に理解されがちだった。今回，「社会に開かれた教育課程」という理念のもと，「教科等横断的な視点」や「社会とのつながり・関わり」の視点を含む前掲の「3つの側面」から捉え直されたわけである。

3　「学校の組織・経営」とカリキュラム・マネジメント

　教育学における「カリキュラムマネジメント」の研究は1990年代後半に着手された。中留武昭は，カリキュラムマネジメントを「学校の教育目標を実現するために，教育活動（カリキュラム）の内容上，方法上の連関性とそれを支える条件整備活動（マネジメント）上の協働性との対応関係を，組織構造と組織文化とを媒介としながら，PDCAサイクルを通して，組織的，戦略的に動態化させる営み」と説明した（中留，2005）。これを踏まえ，田村知子は「カリキュラムマネジメントは，カリキュラムを主たる手段として，学校の課題を解決し，教育目標を達成していく営み」であると簡潔に定義し，カリキュラムをつくり実際に動かしていくためには「組織マネジメント」の視点が不可欠であると付け加えている（田村，2014）。

　現実には，学校現場では，文書としての教育課程に示された教育目標が教職員に共有・意識化されず，個々の教師が「自己流」で授業を実践していることが少なくない。さらに，個別の授業や教科を越えて，年間の教育活動全体を通して，結果的に「子どもたちにどのような資質や能力が育成されたか」を学校教育目標に照らして把握し検証することも極めて不十分であった。教育課程編成は管理職による「書類づくり」に終始し，全教職員が目標や課題を共有し，協働して課題解決に取り組むことを可能にする学校の組織・経営の見直しが伴わなかったからである。

　学校教育目標の実現に向けてカリキュラムの改善を進めるには，教職員が1

つのチームとして学校の課題解決に取り組む必要がある。これをめざす「組織マネジメント」の視点を取り入れたカリキュラムマネジメント論は，教育行政関係者や学校現場にある程度は受容され，学習指導要領に「カリキュラム・マネジメント」が明記された。今後は，カリキュラム・マネジメントの多様な実践が蓄積され，学校間の交流が活発に行われ，議論が深められることを期待したい。

4　カリキュラム・マネジメントの課題

　カリキュラム・マネジメントはSBCDを推進するための手法である。本章前半で述べた「カリキュラムの定義」「SBCD」「潜在的カリキュラム」などの知見は，カリキュラム・マネジメントの理論的基盤をなす。これらの知見も踏まえ，カリキュラム・マネジメントの課題を挙げておこう。

　第一の課題は，カリキュラムという概念の本質を理解することである。ほとんどの教師はいまだに教育課程とカリキュラムを同一視しており，カリキュラム・マネジメントの意義や必要性が学校現場に十分に浸透しているとはいいがたい。

　第二に，各学校で授業研究の日常化を図ることである。教育行政の指定を受けて特定の研究主題に取り組む学校が増えている。しかし，研究主題と学校の切実な教育課題との関連づけが薄いと，見せるための研究授業に陥り，現場が疲弊していくことになりかねない。日常の授業や単元の中で子どもの姿を見取り，一人ひとりの学びの道筋や方向性を見極めようとする教師。同僚と協働で単元を練り上げ，授業での子どもの姿を多面的に捉えて改善策を話し合う教師集団。これこそがカリキュラム・マネジメントが求める教師（集団）像である。

　第三に，図3-2のような教育課程の構造化を図ることである。学校教育目標と総合的な学習の時間における「各学校が定める目標」は直結していなければならない。また，各教科や領域の目標が学校教育目標の実現に収斂するよう設定されなければならない。つまり，学習指導要領に示されている各教科や領

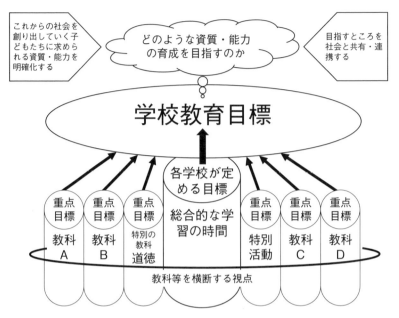

これからの社会を創り出していく子どもたちに求められる資質・能力を明確化する

どのような資質・能力の育成を目指すのか

目指すところを社会と共有・連携する

学校教育目標

各学校が定める目標

重点目標 教科A
重点目標 教科B
重点目標 特別の教科道徳
総合的な学習の時間
重点目標 特別活動
重点目標 教科C
重点目標 教科D

教科等を横断する視点

図3-2　学校教育目標の実現に向けた教育課程の構造化

域の目標は，学校教育目標に照らして吟味され，学校としての重点目標が再設定されなければならないのである。このような教育課程を編成することができるかは，教職員がチーム力を発揮し，学校教育目標の実現に向けて，各教科・領域で育成すべき資質や能力について議論を重ね，共通理解を深めることができるか否かにかかっているだろう。

 演習問題

1．カリキュラムと教育課程の違いについて説明しなさい。
2．潜在的カリキュラムの例として，学校教育において「ジェンダー」が子どもたちの価値観や行動様式に影響を与えているという研究がある。「ジェンダー」とは何かを調べなさい。また，あなた自身の学校体験を振り返って，「ジェンダー」の影響について思い当たることがあれば具体的に説明しなさい。

３．学習指導要領の改訂年次ごとの特徴を一覧表にまとめなさい。

４．インターネットなどを使ってカリキュラム・マネジメントが学校現場でどのように取り組まれているのかを調べなさい。

 読書案内

○日本カリキュラム学会（編）『現代カリキュラム研究の動向と展望』教育出版 2019

日本カリキュラム学会設立30周年を記念して，現代カリキュラム研究の動向を整理し，新たな展望を切り拓くことをめざして出版された。

○田村知子・村川雅弘・吉富芳正・西岡加名恵（編著）『カリキュラムマネジメントハンドブック』ぎょうせい 2016

これからの社会を生きる子どもたちに必要な資質・能力やそれを育成するための教育改革の方向性を論じ，それを推進するためのカリキュラムマネジメントの全体像を示している。カリキュラムマネジメントの教育活動の面と経営活動の面に焦点を当てている。

○天笠茂『カリキュラムを基盤とする学校経営』ぎょうせい 2013

学校がカリキュラムを基盤に教育活動を進めるにあたって，その具体的な姿をイメージする力を取り戻すことをめざし，カリキュラム・マネジメントと学校の現実の姿のギャップを埋めるための具体的提言が展開されている。

○山口満（編著）『第二版 現代カリキュラム研究』学文社 2005

学校におけるカリキュラム開発の課題とそれを効果的に達成するための方法について多面的に考察。わが国のカリキュラム研究の最先端の情報を提供する。

第4章

教育の情報化

　近年の情報通信技術（ICT）の発達は目覚ましく，日常生活のあらゆる場面でコンピュータやスマートフォン，インターネットなどが活用されている。こうしたICTの発達は，私たちの生活や教育を豊かにする一方で，スマートフォンやソーシャル・ネットワーキング・サービス（SNS）等の利用をめぐるトラブルも増加している。ICTの日常的な利用が当たり前になっている社会において，児童生徒がICTを有効かつ安全に活用する能力を育むには，ICTを学校での学びや学校生活においても効果的かつ適切に活用することが重要である。

　そこで，本章では現在の教育において利用が必須となっている，ICTをはじめとする教育メディアを活用するための理論と実践を紹介する。具体的には，ICTを含む教育メディアの活用に係る理論と実践について，ICTの発達によって重要性が増している画像の教育活用の理論と実践について，新学習指導要領と教育の情報化のかかわりについて，近年急速に需要が伸びている遠隔・オンライン教育の理論と実践について，そして，情報化社会における情報モラルの課題について概説する。

Ⅰ 教育メディア活用の理論

「メディア」は，多義的・複合的な概念である。

ひと口に「メディア」といっても，コンピュータやテレビなどの機器をさす場合もあれば，DVD や USB メモリなどの情報を保存しておく媒体をさす場合もある。それでは，「メディア」とは何であろうか。

「メディア」とは，一般的にはコミュニケーションの過程において用いられるものである。コミュニケーションとは，発信者の意思や感情, 情報などのメッセージを記号（code）に変換し，受信者に伝達する過程である。私たちは，誰かに思いや考えを伝えたいと思ったとき，その思いや考えを伝えることができる形，例えば文字や画像，話し言葉などの記号に変換する。その文字などの記号は，例えばプリントやスライドなどに載せることで，初めて相手に伝達することができる。このようにして，私たちは伝えたいメッセージを記号化し，その記号をメディアに載せて相手に伝えているのである。

なお，コミュニケーションの過程は原則として相互作用をともなう，つまり双方向の営みである。授業にあっては，教員だけがメッセージを発信し続けているように思うかもしれないが，実際には，学習者も授業を受けながらノートを取ったり，うなずいたり，難しい顔をしてみたり，時にはあくびをしたりして，教員に対してメッセージを発し続けている。また，教員はそうした生徒からのメッセージを受けて，予定通り授業を進めたり，授業のペースをゆるめたり，補足説明をしたりするなどして，新たにメッセージを発するのである。

1 教育メディアの意味

「メディア（media）」とは，medium の複数形で，「媒体，媒介をするもの」を意味する。すなわち，あるところからあるところへ情報を伝えるもののこと

をいう。よって,「教育メディア」という場合,教員(教材作成者)と学習者(利用者),もしくは学習者同士の仲立ちをし,教育内容(メッセージ)を伝達するのに使われるものすべてをさす。この意味において,黒板や教科書,コンピュータはもちろんのこと,教員の肉声もメディアと呼ぶことができる。

教員の声もメディアだなどというと非人間的な感じがするかもしれない。しかし,考えてみれば,説明や指示を教員が行うこともあれば,同じメッセージをプリントにして配ることもある。また,動画を用いることもある。すなわち,教員の声も「選択可能なメディア」のひとつにすぎないのである。

このような考え方は,教員を授業設計者と考える立場から発している。教員は授業実施の責任を負うとともに,どのように授業を実施するのかを決定し,授業の準備をする役割を担う。その過程で,どのようなメディアをどのように使うかを決めるのは,授業設計者としての教員自身にほかならない。授業設計者としての教員の役割を押さえておかないと,「教員が自分で授業をやる代わりに動画を流しているだけ」などという誤った考え方を生みかねない。

2 教員とメディアの関係

教員を授業設計者と考える立場では,「教育メディアとは,学習刺激を提示することにより,授業状況(instructional events)を具体化するものすべてである」という Briggs(1970)の定義が広く用いられている。言いかえれば,教育活動は,メディアなしには成立しない。

教員は,学習者の注意を引くために画像を用いたり,評価のための資料としてテストを実施したりする。教員の声や表情,身振りなどもメディアとして働く。

このように,種々のメディアを使うことで,教員は授業状況をつくり上げる。

伝統的な授業では,教員と黒板とチョークなどとメディアが限られていたが,現在では,授業状況をつくるメディアが多様化,多機能化してきている。また,それにともない,教員とメディアの関係も変化してきている。

こうした教員とメディアの関係について,中野(1982)は図4−1のように

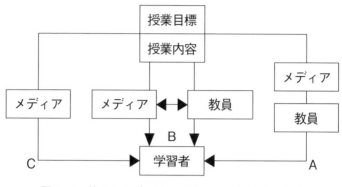

図4-1　教員とメディアの3つの関係（中野，1982）

まとめている。

　この図における A は，教員がメディアを操作し，口頭で説明を加えながら学習内容を児童生徒（学習者）に提示し，学習活動を促す場合をさす。つまり，ここでは教員自身が学習内容を生徒に伝達するメディアとして機能する。B は，教員が授業のある部分の流れを制御し，ある部分の流れはメディアが児童生徒に直接教える場合をさす。ここでは，教員はメディアとして機能する部分と，授業を設計し運営するデザイナーとして機能する部分がある。C は，児童生徒が授業時間中のすべてをメディアから直接教わる場合をさす。ここでは，教員は授業を設計し，適切に実施できるように準備し，学習成果を評価し，必要に応じて授業の改善を図るデザイナーとして機能する。

3　各種メディアの特性と利用

　前述の通り，メディアとは多義的・複合的な概念である。

　メディアの概念は，「装置」,「メッセージ」,「材料」,「環境」などからなる。「装置」の側面からみるメディアは，例えばコンピュータ，テレビ，プロジェクタなどの個々の機器・機材をさす。「メッセージ」の側面からみるメディアとは，例えば音声メディア，映像メディア，マルチメディアなど，機器・機材が伝達

できるメッセージの種類をさす。「材料」の側面からみるメディアは，USB メ
モリ，DVD，ハードディスクなど，メッセージを保存する場所をさし，記録
媒体と呼ばれることもある。そして，「環境」の側面からみるメディアは，例
えばコンピュータ室や多目的室，博物館など，複数の装置メディアが組み合わ
さって個々の装置の機能を超えた機能を有するものをさす。

　このようなメディアを構成する概念のうち，学習成果に直接かかわるのは，
「メッセージ」である。「アメーバの画像」という静止画メッセージを提示する
場合，装置として拡大印刷した写真を使おうが，コンピュータを使おうが，他
の条件が等質であるかぎり，学習成果に相違が生まれるとは考えがたい。

　こうしたメッセージと装置の関係は，野菜とトラックの関係にたとえられる
ことがある。野菜が傷まずに，必要数，定められた時間に届きさえすれば，ど
のようなトラックによって運ばれるかはあまり重要な問題ではない。あとは，
燃費や運転のしやすさなどから好きなトラックを選べばよいわけである。

4　教育メディアの分類

　メディアは複合的な概念であるため，様々に類型化が可能である。

　例えば，提示するメッセージの相違により，映像メディア，音声メディアな
どに分類することができる。また，単純に装置の種類による分類も可能である。

　ここでは，教育メディアを分類すること自体を目的とはしないが，いくつか
の分類をみることで，メディアを教育で活用する手がかりとしたい。

(1) メッセージと発信者との関係による分類

Fiske（1982）は，メディアと発信者との関係に着目し，メディアを現示的
メディア（presentational media），再現的メディア（representational media），
機械的メディア（mechanical media）の3つに分類し，それぞれのメディアを
以下のように説明している。

①現示的メディア（presentational media）

　　現示的メディアとは，教員の声や表情，身振りなど，教員自身がメディ

アとして機能する場合をさす。板書と説明が主の授業においては，現示的
メディアとしての教員が授業の中心となる。

②再現的メディア（representational media）

　再現的メディアとは，書籍や動画，写真，音声データなど，発信者である教員を離れて教育コミュニケーション活動を行うメディアをさす。オンデマンド配信によるオンラインの授業は，主として，再現的メディアを用いて行われる。

③機械的メディア（mechanical media）

　インターネットや電話やテレビ，ラジオ映画など，テクノロジーの進展により生まれたメディアであり，現示的メディアや再現的メディアなどのメッセージを，時や空間を超えて伝搬することができるメディアをさす。

(2) 教育メディアの具体性による分類

Dale（1969）は，メディアの具体性を直観的に理解するためのモデルとして，

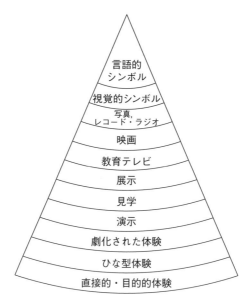

図4−2　経験の円錐（Dale, 1969）

「経験の円錐」を提案した（図4-2参照）。「経験の円錐」では，上に行けば行くほどそのメディアの抽象度が増し，下に行くほど具体度が増す。

　Dale はまた，Bruner（1966）が提唱した3つの学習方法をもとに，教育メディアを①抽象的概念を通じて学ぶ，象徴的経験（言語的シンボル，視覚的シンボル），②観察を通じて学ぶ，図像的経験（写真，レコード・ラジオから演示まで），③為すことによって学ぶ，直接的・目的的経験（劇化された体験，ひな型体験，直接的・目的的体験）に大別した。

　この図が円錐形であるのは，上に行くほど特定の概念を身に付けるのに必要な学習経験が少なくすみ，下に行くほど特定の概念を身に付けるのに必要な学習経験が多く必要であるためである。上に行くほど学習効率が増すが，一方で学習が定着する確率が低下する。一方で，下に行くほど特定の内容を習得するのに時間はかかるが，定着率は増す。

(3) 教育メディアの効果による分類

　Allen（1974）は，それまでの教育メディア研究を概観し，それぞれのメディアが特定の学習領域においてもたらす教育効果により，表4-1の通りメディアを分類した。

表4-1　教育メディアの効果による分類（Allen，1974をもとに作成）

学習目標／メディア	事実情報の学習	視覚的情報の学習	原理・法則の学習	手続きの学習	過程の学習	意見・態度の育成
静止画		+			−	
映画		+	+	+		
テレビ		+			−	
実物，模型	−	+	−		−	−
音声教材		−			−	
プログラム学習				+	−	
演示	−		−	+		
印刷資料						
口頭教示		−			−	

＋：効果が高い　　−：効果が低い　　空欄：効果が中程度

Allen による教育メディアの分類は，装置の単位で行われたものであるが，実際にはそれぞれの装置で提示できるメッセージは限られているため，この表は，特定の学習領域にとって有効なメッセージの形態と読み替えることができる。例えば，「東京タワーは赤い」など視覚的情報を学ぶ際には，静止画や映画，実物などの視覚的メッセージが有効であると判断することができる。

この Allen による教育メディアの分類は，学習活動のねらいに応じた適切なメディアを選ぶ参考になろう。ただし，例えば，態度や道徳的価値観を育む際に印象的な静止画が効果的であることもあるため，実際のメディアの選択は多角的な視点から行うことが望まれる。

5 教育メディアの選択

メディアはそれぞれに異なる特性をもっており，そのため授業内容に応じて使い分ける必要がある。

スライドや写真は静止画を提示することができるが，音声や動きを提示することはできない。CD プレイヤーは音を出すが，画像を提示できない。また，マルチメディアや講義は双方向性という特性をもつが，テレビや CD プレイヤーなどでは相互交渉はできない。発表用メディアは講義形式の一斉授業に適しており，マルチメディアやドリル学習は個別学習に適している。

現在では，多種多様なメディアを授業の中で利用できるため，適切なメディアを選択することが難しくなっている。ひとつの手がかりとして，Gagné ら（1992）は，教育メディアを選択する際には，主として以下の事柄を考慮することをすすめている。

　・授業に適切な学習者の数は何人程度か？

　・どの程度の範囲，広さで視聴可能か？

　・望ましい学習刺激は動画，静止画，音声，文字のいずれであるか？

　・授業の系統性は高いか，低いか？

　・どのメディアがより望ましい授業状況をつくるか？

・メディアを使うことで，どの程度の混乱が生じ得るか？

・必要とされる機材は入手可能で使い勝手がよく，保存・再生可能か？

・機材の故障や電力不足などに対する備えがあるか？

・メディアを使うにあたって，教員に対する研修が必要か？

・予備，交換用の部品や消耗品に対する予算は確保可能であるか？

・高い費用対効果を期待できるか？

・メディアを使った授業の流れは，無理のないものであるか？

さらに，Gagné ら（1992）は表4-2のように，学習課題の性質に応じた「望ましい」メディアと「望ましくない」メディアを示している。

こうしてみてみると，メディアの選択は，単に黒板を使うか，コンピュータを使うかといった装置の選択の問題ではないことがわかる。種々の条件から，授業状況を具体化するのに最適なメディアを選択することになる。

なかでも，特に意識しなければならないのは，学習者の性質と，授業や学習のねらいである。例えば，ある学習者は，人の身振りや表情，静止画，動画など，目に見えるものから学習する視覚型学習スタイルに立つ。それに対して，

表4-2　学習課題に応じた望ましいメディア（Gagné ら，1992をもとに作成）

学習課題	望ましくないメディア	望ましいメディア
知的技能	相互交渉の特性をもたないメディア	学習者の反応にフィードバックを与えることのできるメディア
認知的方略	相互交渉の特性をもたないメディア	学習者の反応にフィードバックを与えることのできるメディア
言語情報	言語メッセージをともなわない体験やシミュレーション	言語メッセージや精緻化をともなうメディア
態度	言語メッセージをともなわない体験やシミュレーション	リアルな行動モデルと，それに関連するメッセージを提示できるメディア
運動技能	反応を要求したり，フィードバックを与えたりすることができないメディア	参考になる情報とともに，技能の訓練の場を提供できるメディア

ある者は，音声から理解する聴覚型学習スタイルに，ある者は，周囲の物に手を触れたり，身体を動かしたりすることによって学ぶ運動感覚型学習スタイルに立つ。聴覚型の学習者であるからといって，常に音声によって学習させるという極端な考え方は適当とはいえないが，学習成果にかかわる学習者要因を検討したうえでメディアを選択するという姿勢は保つ必要がある。

また，このようなメディアの選択は，あくまで学習者と授業目標が決定された後に行われる。メディアは授業の効果を高めるために活用されるのであって，メディアの利用法を探るために授業が実施されるのではない。

6 デジタル時代における教育メディアの選択と利用

前項で述べたように，メディアはそれぞれに異なる特性をもっており，授業のどの場面でメディアを活用するかは，学習者や授業のねらいとの対応関係によって決定する。

その際，本節第3項で述べたように，メッセージの単位で活用するメディアを選択する。メッセージとそれを提示する装置との関係は，表4-3の通りである。

ここで注目したいのは，アナログの時代においては，例えば文字を提示するにはプリントや書籍が必要であり，音声を提示するにはCDプレイヤーやラジオが必要であるなど，提示したいメッセージに応じた適切なメディアが決まっていたという点である。例えば，音声メッセージを提示するのに，書籍を用いることはできない。つまり，メッセージの装置メディアに対する依存度が大きかったわけである。

表4-3　提示するメッセージと用いる装置の関係

	文字	音声	静止画像	動画像
アナログ時代	印刷物 書籍等	CDプレイヤー ラジオ等	印刷物 スライド OHP等	映画 ビデオ テレビ等
デジタル時代	コンピュータ	コンピュータ	コンピュータ	コンピュータ

しかしながら，デジタル時代においては，文字も，音声も，静止画像も，動画像も，コンピュータ上ですべて提示できる。どのような形態のメッセージも，原則としてコンピュータ上で提示できることから，メッセージのメディアに対する依存度が小さくなったといえる。

7　教育メディアの整備

メディアを教育現場に導入するにあたっては，「テクノロジー・プッシュ」と「デマンド・プル」という2つの考え方がある。

「テクノロジー・プッシュ」とは，社会・経済からの要請により，新たなメディアを教育過程に組み込むことである。例えば，コンピュータやインターネット技術の発展に対応して，それらメディアを使うことがここに含まれる。

一方，「デマンド・プル」とは，当代の教育課題に対応するメディアを活用することである。例えば，自律性の伸長や拡散的思考力の育成をめざし，マルチメディアを活用することなどがここに含まれる。

教育におけるメディアの採用を考える際には，まずデマンド・プルの側面が強調される。メディアを授業で使うにあたっては，その効果を検討し，学習課題や学習者の性質に照らして使用するメディアを選択するため，これは，当然といえば当然である。先進的な技術を導入しさえすれば，教育の問題は解決されるという考え方は，手段と目的を取り違えている。

しかし，デマンド・プルの側面だけをみていると，技術の進展を見誤る可能性がある。現在のメディアの状況は急速に進展しており，またメディアが多様化している。子どもたちの可能性を拡げる意味では，新たな技術に触れたり，新たなメディアについて学習したりする機会を与えることも必要であろう。

公立義務教育諸学校における教材機器の整備に関する政府の指針を概観すると，まず1967年に国庫負担の対象とする教材品目と数量を示した「教材基準」が文部省によって定められた。「教材基準」は，1978年に「新教材基準」に改訂され，1991年に国庫負担の廃止と学習指導要領の改訂に伴い標準的に必要な

教材の品目と数量を示すものとして「標準教材品目」に改められた。

「標準教材品目」は，2001年には公立学校における教材機器の整備のための参考資料として「教材機能別分類表」に改訂された。ここでは，教材の品目は案として例示するにとどめ，数量についても示していない。そうすることで，各学校および地方公共団体がその状況に合わせ，自主的かつ自律的に教材整備を促した。さらに，「教材機能別分類表」は，2011年に「教材整備指針」に改訂され，文字通り，義務教育諸学校に備える教材の例示品目，整備数量の目安となる参考資料として活用された。

そして，文部科学省は，2017年12月26日に次期学習指導要領（平成29・30年改訂）の実施を見据えた「平成30年度以降の学校における ICT 環境の整備方針」をまとめた（表4−4，文部科学省，2017）。この整備方針では，以下の ICT

表4−4　平成30年度以降の学校における ICT 環境の整備方針
（文部科学省，2017をもとに作成）

ICT 機器	整備基準	対象学校種
大型提示装置	普通教室および特別教室への常設	全校種
実物投影装置 （書画カメラ）	普通教室および特別教室への常設	小学校および 特別支援学校
学習者用コンピュータ （児童生徒用）	3クラスに1クラス分程度の配備	全校種
指導者用コンピュータ （教員用）	授業を担任する教員それぞれに1台分の配備	全校種
充電保管庫	学習者用コンピュータの充電・保管のために必要な台数の配備	全校種
ネットワーク	普通教室および特別教室における無線 LAN 環境の整備 特別教室（コンピュータ教室）における優先 LAN 環境の整備	全校種
学習用ツール	ワープロソフトや表計算ソフト，プレゼンテーションソフトなどをはじめとする各教科等の学習活動に共通で必要なソフトウェアの整備	全校種
学習者用サーバ	各学校1台分のサーバの整備	全校種

環境の整備水準が明示された。

　なお，表中の「大型提示装置」について，2010年から2017年までの教材整備目標を示した第 2 期教育振興基本計画（文部科学省，2013）においては，2011年に発表された「教材整備指針」にもとづき「電子黒板」の整備をめざすものとされていた。しかしながら，「平成30年度以降の学校における ICT 環境の整備方針」では，整備の実態にあわせて，コンピュータや実物投影装置と接続して教科書や教材等を大きく投影する「提示機能」を備えた「大型提示装置」の機器の整備をめざすものと変更された。そのうえで，電子黒板のように画面を直接触って操作したり，書き込みをしたり，保存をしたりする「インタラクティブ機能」を備えた機器の整備が推奨されている。

8　学校で用いられる主な ICT 機器の特長

　前項で述べたように，現在，学校においては，種々の ICT 機器の整備が進められている。ここでは，整備が求められている ICT 機器のうち，学校で用いられることが多い実物投影装置と電子黒板の特長をみることとする。

(1) 実物投影装置の特長

　実物投影装置の良さは，何といっても教科書やプリントなどをそのまま大写しできる点にある。教科書等を大きくみせることにより，理解の共有が図れ，また板書等の手間が省けて授業の効率化が図れる。その他，実物投影装置には，次のような特長がある。

　①平面の物体だけでなく，立体も提示できる

　　　実物投影装置はプリント等の平面だけでなく，立体も提示でき，また，動くものを提示することもできる。そのため，作業の方法や手順を説明するのに使える。

　②ズーム機能によって拡大提示できる

　　　実物投影装置の拡大提示機能を利用することで，大事なポイントを強調して伝えたり，全体と部分の対応関係を示したりすることができる。

③スキャナー機能で提示内容が保存できる

　　実物投影装置のスキャナー機能を利用することで，提示内容を保存できる。そのため，児童生徒の作品やワークシートなどをデジタル・ポートフォリオとして残しておくことができる。

④児童生徒に背を向けずに使うことができる

　　実物投影装置は児童生徒に向けて使うことができるため，児童生徒の顔を見ながら，理解度などを確認しつつ説明をすることができる。

(2) 電子黒板の特長

電子黒板はインタラクティブ・ホワイトボードとも呼ばれ，その形状によって一体型，ボード型，ユニット型に分類されるが，それぞれの機能に大きな違いはない。電子黒板には通常，次のような特長がある。また，近年，OSを内蔵し，コンピュータとしても使うことができる電子黒板や，カメラとマイクを内蔵し，テレビ会議機能をもつ電子黒板なども登場している。

①ペンや指を使って書き込みができる

　　電子黒板の画面には，多様な色や幅，線種で書き込みができる。そのため，強調したい部分や注目してほしい部分を明確に伝えられる。また，書き込みは消せるため，電子黒板上での試行錯誤が可能である。

②画面上の教材，資料を直接触ったり，動かしたりすることができる

　　電子黒板の画面上の教材や資料は直接操作することができる。そのため，説明している場所が一目瞭然である。また，操作のためにパソコンと電子黒板を行き来する必要がないため，授業の効率化も図れる。

③教材，資料が拡大提示できる

　　電子黒板上の画面上の教材や資料は容易に拡大できる。そのため，焦点化が図れ，また，重要な箇所を強調できる。

④教材，資料を保存し蓄積できる

　　電子黒板で提示した教材や資料は保存・蓄積できる。そのため，教材・資料が繰り返し利用でき，学習を振り返ったり，学習過程の変遷をみたりするのに役立つ。

Ⅱ 教育における画像の活用

　人間は，五感から様々な情報を得ることによって学習する。しかし，五感とはいうものの，人間の学習の大半は目からの情報によって成立する。そこで，授業では口頭教示という聴覚からの情報に，静止画なり動画なり視覚からの情報を付加することで，学習が促進されることがある。

　ここでは特に，静止画と動画，そしてアニメーションの働きを解説する。

1　画像全般の機能

　画像は，具体的な事象や概念を媒介するのに便利なメッセージである。また，外国語を学習する場合など，画像に対応する言葉を獲得していない学習者にとって，既存の知識と新たな知識を関連づける手段として有効である。一方で画像は，抽象的な概念や，広い概念を媒介するのにあまり適さない。

　画像には，主に以下の教育的機能があるとされる。

(1) 注意機能

　画像には，学習者の注意を喚起し，学習教材や学習内容に注意を向けさせる機能がある。また，画像を用いることによって，学習者に授業や教材のイメージを植え付け，長く記憶にとどめておくことができる。

(2) 情動的機能

　画像には，学習者の喜びや驚きなど感情や態度に影響する情動的機能がある。特に，未知の内容に対する画像を提示することで，学習者の興味を駆り立て，学習に取りかかるきっかけを与え，学習を持続させることができる。

(3) 認知的機能

　画像には，学習内容の理解や記憶を助ける認知的機能がある。学習者は，学習内容と関連のある画像イメージを提供されることにより，学習材料を記憶し

やすい形に変換し，認知構造に関連づけることができる。

(4) 説明機能

画像は，文字情報による提示と理解が難しい内容を説明することができる。特に，複雑な事象を説明したり，非常に長い説明を補足したり，複数の概念を同時に説明するのに有効である。また，地理的に遠い出来事や歴史的事象，ミクロの世界など体験が困難な事象を，時間や空間の制約を超えて提示できる。

(5) 比較機能

画像には，複数の事象を比較提示する機能がある。特に，食卓と毒卓の見分け方など，比較することが重要な事象について，画像を用いるのは効果的である。また，グラフを用いることで，数値データの時間や内容ごとの変化や相違を比較提示できる。

(6) 補助的機能

画像には，能力の低い学習者に学習の手がかりを与える補助的機能がある。これにより，学習者が学習内容を理解し，記憶し，後々に想起するのを助ける。逆に，能力の高い学習者は，画像による補助を必要としない。

2 静止画像の活用

あらゆる教材の中で，様々な種類の画像が使われる。白黒の単純な線画もあれば，精細なカラーの画像もある。また，図や表として，漫画として，絵画として，写真として，様々な形で表現される。これら画像は，授業の中で適切に用いられれば，学習を援助し促進する。

そこで，以下に，画像の活用を考えるにあたって考慮すべき事項を示す。

(1) 色彩

人は通常，白黒よりもカラーの画像を好む（Winn & Everett, 1979）。しかし，画像の色彩の効果については，課題や学習者の特性との関連性が指摘されており，容易には説明できない。画像の色彩と課題との関係についていえば，カラーでの再認にはカラー画像による学習が，白黒での再認には白黒画像による学習

が有効であるとされる（Wogalter & Laughery, 1987）。また，色彩が重要な意味をなす題材については，カラーで表されるのが望ましい。

(2) 写実性

画像は，自然を映し出し教育場面にもち込む「鏡」と捉えられることがある。確かに，事物そのものについての理解には，写実性の高い画像の使用は有効である。しかし，画像の写実性は必ずしも必要とはかぎらない。例えば，コンピュータのアイコンに写実性を求めてもあまり意味がない。また，「落石のおそれあり」の標識など，写実的な描写が適切ではないと思われるものもある。

(3) 刺激（キュー）の量

画像は，精細であればあるほどよいと思われがちである。しかし実際には，豊かな画像は学習に直接かかわらない刺激をも含むため，どこに注目すべきかを学習者が判断できず，学習が促進しないばかりか学習の妨げになることもある。一斉授業のように時間が制約されている場合には，単純な画像は学習目標に対応した重要な個所を強調し，必要な刺激だけを提示することから，知識の獲得を促進するとされる（Dwyer, 1970）。

(4) サイズと容量

画像は，大きい方が注意を引き，記憶に残るとされる（Reeves & Nass, 1996）。しかし，コンピュータ上で大きな画像を扱うと，表示に時間がかかり学習者の意欲減退につながる恐れがある。そこで，画像のサイズと容量を提示画面に合わせて調整する必要がある。また，教材で使われる画像の大きさは一定にすることが望ましい。ただし，もとが小さな画像や不鮮明な画像は，引き伸ばすと粗くなり，かえって見づらくなる。この場合には，あえて調整しない方がよい。

(5) 学習課題との対応

Dwyer（1970，1971）は，心臓の機能の理解と用語の記憶という課題に対して，写真よりも単純な線画を使った方が学習効果が高いことを見出した。しかし，課題が例えばバチスタ手術の術法の習得であったとしたら，線画による学習だけで十分とは考えづらい。毛細血管の仕組みや心臓の拍動の様子など，

認知の領域の学習においては余分と考えられるようなキューも，執刀の際には重要な手がかりとなるからである。

(6) 学習者の特性との対応

　画像による学習には，知能や認知スタイル，空間理解能力，学習方略など，様々な学習者特性がかかわる。例えば，画像から多くを学ぶ者もいれば，音声から多くを学ぶ者もいる。また，画像と学習内容とを結びつけるのが得意な者もいれば，苦手な者もいる。画像の使用においては，このような学習者の要因を考慮する必要がある。

3　動画像の活用

　動画像が学習にいかに影響するかについては，いまだ明らかにされていない部分が多い。

　動画像の効果検証が難しいのは，学習者が動画のどの部分に着目し，選択的に視聴しているかを判断しにくいからである。また，動画には，動画自体以外に静止画や音声，文字など様々な要素が含まれるため，どの要素がいかに学習に影響しているかを特定するのは難しい。

　現在までに指摘されていることをまとめると，動画像は静止画像と比べて，以下の場合に有効であるとされる（Nielsen, 1995; Lindstrom, 2003）。

　・過程の学習など，「動く」ことが本質的な事象の説明に有効である。
　・技能の習得をめざす，運動技能の領域の学習を助ける。
　・原子が分子を形成する様子など，複雑な事象の説明に有効である。
　・登場人物のパーソナリティを視聴者に印象付けることができる。
　・カメラや登場人物の動きは，学習者の注視を促すことができる。

4　アニメーションの活用

　映像やプレゼンテーションの中で，様々なアニメーションが用いられる。確かに，アニメーションは見るものの目を引く。しかし，みだりに使うと画面が繁雑になり，どこに注目すべきかがわからなくなる恐れがある。そこでアニメーションの使用にあたっては，教材のどの部分に注目を集めたいか，あえてアニメーションを使う必要があるかを吟味することが重要である。

　アニメーションの機能は，以下に集約される。

(1)　注意の方向づけ

　人は目に入ったすべての情報に注意が向くわけではない。限られた範囲の情報に注意を向け，選択的に処理する。そこで，ズームインやポップアップ機能などを使うことで，学習者の注意を一定の方向に向けることができる。

(2)　動きの表現

　複数の画像を組み合わせることにより，画像に動きをもたせることができる。植物の発芽や地球の自転など，静止画では表現するのが難しく，また「動く」ことが本質的な題材を扱う場合に，アニメーションの活用は有効である。

(3)　時間経過や状況変化の表現

　一般に，時間経過や状況変化は，左から右へのスライドインにより表現される。逆に，右から左への画面の移行は時間や状況の逆行を意味する。

(4)　三次元構造の表現

　立体物は，二次元の画面上に投影されることによって表される。そのため，立体のすべての面を画面上で見ることはできない。そこで，立体物を回転させることで，その全面を表現できる。また，透視化により，立体物の内部構造を表せる。

Ⅲ　学習指導要領の改訂と教育の情報化

　近年，ICT（情報通信技術）の進展が加速度的となっており，第四次産業革命とも称されるグローバル化や情報化などの社会変革が人間の予測を超えて進んでいる。こうした情報化社会の進展に対応すべく，2017（平成29）年に小学校および中学校の新たな学習指導要領が告示され，2018（平成30）年に高等学校の新たな学習指導要領が告示された。

　その学習指導要領では，教育における ICT の活用が規定され，言語能力や問題発見・解決能力等とともに，情報活用能力（情報モラルを含む）を学習の基盤となる資質・能力として育成することが定められた。また，情報活用能力の育成を図るため，「各学校において，コンピュータや情報通信ネットワークなどの情報手段を活用するために必要な環境を整え，これらを適切に活用した学習活動の充実を図ること」，また，「各種の統計資料や新聞，視聴覚教材や教育機器などの教材・教具の適切な活用を図ること」が総則に規定された。加えて，小学校学習指導要領においては，「児童がコンピュータで文字を入力するなどの学習の基盤として必要となる情報手段の基本的な操作を習得するための学習活動」および「児童がプログラミングを体験しながら，コンピュータに意図した処理を行わせるために必要な論理的思考力を身に付けるための学習活動」を各教科等の特質に応じて計画的に実施することが示された。さらに，小学校学習指導要領では総則において，「児童の発達の段階や特性等を考慮し，（中略）情報モラルに関する指導を充実すること」が，中学校学習指導要領では技術・家庭科において「情報の表現，記録，計算，通信の特性等の原理・法則と，情報のデジタル化や処理の自動化，システム化，情報セキュリティ等に関わる基礎的な技術の仕組み及び情報モラルの必要性について理解すること」が求められている。

　「教育の情報化」とは，「教育の情報化に関する手引（追補版）（文部科学省，

2020)」によれば，「情報通信技術の，時間的・空間的制約を超える，双方向性を有する，カスタマイズを容易にするといった特長を生かして，教育の質の向上を目指すもの」であり，具体的には次の側面から構成され，教育の質の向上を図るものとされる。

　　・子どもたちの情報活用能力の育成を図る，「情報教育」
　　・ICT を効果的に活用したわかりやすく深まる授業の実現等を図る，「教科指導における ICT 活用」
　　・教職員が ICT を活用した情報共有によりきめ細かな指導を行うことや，校務の負担軽減等を図る，「校務の情報化」

　加えて，「教育の情報化に関する手引（追補版）」では，教育の情報化の実現を支える基盤として，教員の ICT 活用指導力の向上，学校の ICT 環境の整備，教育情報セキュリティの確保の実現が重要であるとされた。

1　ICT 活用教育の様態

　教育において，ICT は単に教員のメッセージを伝達するための装置または環境メディアとして機能するわけではない。このことは，学習指導要領における ICT の活用に関する記述をみてもわかる。例えば，2017年告示の小学校学習指導要領では「コンピュータで文字を入力するなどの学習の基盤として必要となる情報手段の基本的な操作を習得するための学習活動」を実施することが求められているなど，ICT は教育において学ぶ対象でもある。

　ICT の教育活用を考える場合，ICT を例えば教育の質向上を図るために用いるのか，あるいは ICT やその操作方法について学ぶのかなど，ICT 活用の形を明らかにしておくことが必要である。ICT 活用教育の様態は，大きく以下の３つに分類される。

(1) ICT「によって」学ぶ

　ICT は教育において，例えばスクリーンにプロジェクタを介してコンピュー

タの画面を投影するなど，教授者のメッセージを載せて学習者に伝達するのに使われる。この場合，ICTは「教育手段」または「教育方法」の役割を果たす。すなわち，学習者はICT「によって」またはICT「を通じて」学ぶわけである。

ICT「によって」学ぶ際，教員は教室にいて学習者に直接，教授することもあれば，テレビ会議システムや電子掲示板などを使って学習者に間接的に教授することもある。特に，近年のオンライン教育の進展により，テレビ会議システムを活用した，遠隔リアルタイムによるICTを活用した教育や研修が盛んに行われるようになってきている。

(2) ICT「から」学ぶ

教育において，学習者はICT「から」学ぶことがある。学習者は，例えば，動画配信サイトに掲載された動画や，LMS（Learning Management System）に掲載されたオンデマンド配信による教材から直接，学習内容を学ぶ。

ICT「から」学ぶ場合，基本的には教員は学習の場にはおらず，学習者は教材から直接学ぶ。その意味では，ここではICTは「教師」の役割を果たす。

(3) ICT「について」学ぶ

教育において，ICTは学ぶ対象でもある。先述したように，新たな学習指導要領では，児童はICTの基本的な操作を身に付けることや，情報モラルを身に付けることなどが求められている。

ここでは，ICTは学習者にとって学ぶべき「教育内容」の役割を果たす。これは，他のメディアにはあまりみられない，ICTの特徴である。こうしたICT「について」学ぶ学習について，文部科学省（2019）では，表4-5のようにその内容を分類している。

2 教育におけるICTの活用場面

ICTは教育の様々な場面において活用される。ICTは，教授者が電子黒板とデジタル教科書を使って説明を行うなど，一斉教授の場面においても使われるし，生徒がタブレットを使って意見を交流するなど，協働学習場面において

表4-5 資質・能力ごとにみた情報活用能力の分類

（文部科学省初等中等教育局情報教育・外国語教育課（2020）「情報活用能力の体系表例全体版【情報活用能力の体系表例（IE-School における指導計画を基にステップ別に整理したもの）】（令和元年度版）全体版」をもとに作成）

知識及び技能	1 情報と情報を適切に活用するための知識と技能	①情報技術に関する技能 ②情報と情報技術の特性の理解 ③記号の組み合わせ方の理解
	2 問題解決・探究における情報活用の方法の理解	①情報収集，整理，分析，表現，発信の理解 ②情報活用の計画や評価・改善のための理論や方法の理解
	3 情報モラル・情報セキュリティなどについての理解	①情報技術の役割・影響の理解 ②情報モラル・情報セキュリティの理解
思考力・判断力・表現力	1 問題解決・探究における情報を活用する力	①必要な情報を収集，整理，分析，表現する力 ②新たな意味や価値を想像する力 ③受け手の状況を踏まえて発信する力 ④自らの情報活用を評価・改善する力
学びに向かう力・人間性等	1 問題解決・探究における情報活用の態度	①多角的に情報を検討しようとする態度 ②試行錯誤し，計画や改善しようとする態度
	2 情報モラル・セキュリティなどについての態度	①責任をもって適切に情報を扱おうとする態度 ②情報社会に参画しようとする態度

も活用される。「教育の情報化ビジョン（文部科学省，2011）」，「学びのイノベーション事業 実証研究報告書（文部科学省生涯学習政策局情報教育課，2014）」によれば，こうした ICT が活用される場面は，以下の3つに大別される。

(1) 一斉学習における ICT 活用

　一斉学習・指導においては，教授者が学習者に電子黒板などを使って，学習内容のポイントを拡大したり，書き込みをして強調したりするなどして，わかりやすく提示することが重要である。また，多様かつ豊富なメッセージを提示できる ICT の性質を利用して，学習者の興味・関心・意欲を高める動画像を提示するなどの利用方法が考えられる。

「学びのイノベーション事業 実証研究報告書」では，一斉学習における ICT 活用のポイントを以下のように説明している。

・電子黒板等を用いた分かりやすい課題の提示を図る，「教員による教材の提示」

---

(2) 個別学習における ICT 活用

個別学習においては，学習者のペースや習熟度などに応じて学習内容を提示したり，学習者の学びに対する即時フィードバックを提供したりする，学習のカスタマイズが重要である。また，協働学習の事前にインターネット等を通じて調査を行ったり，発表の準備を行ったりするなどの利用方法が考えられる。

「学びのイノベーション事業 実証研究報告書」では，個別学習における ICT 活用のポイントを以下のように説明している。

・一人一人の習熟の程度などに応じた学習を図る，「個に応じる学習」
・インターネット等による調査を行う，「調査活動」
・シミュレーション等を用いて考えを深める学習を行う，「思考を深める学習」
・マルチメディアによる表現・制作を行う，「表現・制作」
・タブレット PC 等の持ち帰りにより家庭学習を図る，「家庭学習」

---

(3) 協働学習における ICT 活用

協働学習においては，学習者が互いの考えや思いを発表し合ったり，発表し合った意見を整理したりすることなどが重要である。また，地理的・時間的に離れた相手と交流を行ったりするなどの利用方法が考えられる。

「学びのイノベーション事業 実証研究報告書」では，協働学習における ICT 活用のポイントを以下のように説明している。

> ・考えや作品を提示・交換しての発表や話合いを促す，「発表や話合い」
> ・複数の意見や考えを議論して整理する，「協働での意見整理」
> ・グループでの分担や協力による作品の制作を行う，「協働制作」
> ・遠隔地の学校等との交流を行う，「学校の壁を越えた学習」

3　アナログメディアと比較した ICT の利点と欠点

　ICT には，多様かつ豊富なメッセージを提示したり，書き込みをすることで教材のポイントを示したりすることができるなど，様々な利点がある。一方で，授業では板書などを活用した方がよい場面など，ICT 活用には限界もある。そこで，ここでは，ICT の特徴のうち，黒板などのアナログメディアと比較した利点と欠点を紹介する。

(1)　アナログメディアと比較した ICT の利点
①大きくみせられる

　　ICT を活用することで，教員は教材を拡大提示することができる。特に画像をみせる場合，児童生徒はどこに注目すればよいのかがわからないことがあるため，教材を拡大提示してポイントを示すことが重要である。

②動くものがみせられる

　　ICT を活用することで，動画像やアニメーションなどが提示でき，動きをみせることができる。特に，動きをみせることにより，推移や変化などがみせることが重要である。また教材の重要な部分を繰り返しみせたり，速度を変えてみせたりすることができることが ICT の特長である。

③色々なものがみせられる

　　電子黒板などの ICT 機器には，コンピュータや実物投影機，ブルーレイプレイヤーなどの様々な機器が接続できる。これにより，デジタル教材やパッケージ型教材だけでなく，例えばワークシートなどを提示すること

もできる。また，デジタルメッセージはメディア依存度が低いため，好きなメッセージを好きな時に，好きなだけ提示することができる。

④保存できる

　　ICT を活用することで，書き込みや編集した部分も含めて，教材や学習者の成果物などを保存し蓄積することができる。そうすることで，後に学習内容を振り返ったり，学習者のパフォーマンスの評価に使ったりすることができる。

(2) アナログメディアと比較した ICT の欠点

①提示できる情報量が少ない

　　一般的な電子黒板やスクリーンは，黒板と比較して画面が小さいため提示できる情報量が少ない。そのため，授業の目標や授業のポイントなど，授業の最後までみせておきたい情報は，ICT よりも黒板を使って提示することが望ましい。

②視覚，聴覚以外に訴えることが難しい

　　ICT では，質感やにおい，触感などを表すことが難しい。そのため，実際に何かをみせたり，何かに触れさせたりすることが重要である場合には，実物を用いることが望ましい。

③絶対的な大きさを表しづらい

　　ICT で事物を提示する場合，それがどれだけの大きさで提示されるかは，画面の大きさなどによるため，事物の実際の大きさを表すことは難しい。事物の実際の大きさを示したい場合には，実物を用いることが望ましい。ICT で事物の相対的な大きさを示すためには，比較対象となるものと合わせて提示するなどの工夫が必要である。

4 ICT 活用の意義

文部科学省などによる様々な調査研究の結果を通じて，ICT 活用の効果や意義が示されている。例えば，「学びのイノベーション事業 実証研究報告書（文部科学省生涯学習政策局情報教育課，2014）」では，小中学生ともにデジタル教科書・教材を活用した授業を肯定的に評価しており，ICT を活用することで楽しく学ぶことができるとともに，授業に集中して取り組むことができると回答している。また，概ね 8 割以上の教員が理解，意欲，技能，思考のいずれの観点においても，ICT を活用することが効果的であったと回答している。

知識・理解，思考，技能，関心・意欲それぞれの観点からみた ICT 活用の意義は，以下の通りである。

(1) 知識・理解の補完

ICT を活用することで，教材を拡大提示し，学習内容のポイントを明示することができる。また，複数の教材を同時に提示し，比較することで，共通点や相違点をみせることができる。こうした活動を通じて，学習者の知識・理解を補完し，より確かな理解を促すことができる。

(2) 思考の深化，拡大

ICT を活用して動画像や写真などを討論や議論の題材として提示することで，多角的な視点を引き出すことができ，思考を拡げたり，深めたりすることができる。また，何度でも容易にやり直すことができるシミュレーションなどを用いることで，思考を深めたり，試行錯誤しながら問題解決を図ったりすることができる。

(3) 技能の習得

ICT を活用して動画像やアニメーションを提示することで，身に付けるべき技能のモデルをみせることができる。また，可変速再生や停止機能などを活用することで，技能の確実な習得を図ることができる。こうした教材をサーバなどに保存し，いつでも必要に応じて視聴できるようにすることで，習熟度に応じた活用を促すことができるのも ICT の良さである。

(4) 関心・意欲の喚起

　ICT を活用してオーセンティック（真正）な教材を提示することで，学習者の関心・意欲を喚起したり，事象に関するイメージを深めたりすることができる。その際には，学習者の驚きや発見を促すような新奇性が高い素材を提示したり，学習者が学習内容を自分事として捉えられるような身近な素材を提示したりすることが重要である。

5　ICT 活用教育におけるマルチメディア教材の設計

　本章第1節で述べたように，デジタル時代においては，文字，音声，静止画像，動画像を自由に組み合わせ，好きなメッセージを好きなタイミングで，好きなだけコンピュータを使って提示できる。ICT の進展により，授業における教員の自由な発想が活かしやすくなったといえる。しかしながら，多様なメッセージを効果的に組み合わせて提示すると，一方では学習者の認知的負荷が増大し，教材のどこに注目すればよいのかがわからなくなることが危惧される。

　このような問題に対して，Mayer（2009）は，以下のようにマルチメディアを利用した教育における教材設計の12の原理を示した。

①一貫性（coherence）の原理

　　学習内容と無関係な言葉や音声，画像等は教材から取り除いた方が効果的である。

②標識化（signaling）の原理

　　学習内容のうち，注目すべき重要な部分はどこなのかを言葉や視覚効果を使って強調した方が効果的である。

③冗長性（redundancy）の原理

　　画像と口頭での説明，文字での説明を組み合わせるよりも，画像と口頭での説明だけを用いた方が効果的である。

④空間的近接（spatial contiguity）の原理

　　関連性が高い文字と画像は空間的に遠ざけて提示するよりも，空間的に

近づけて提示した方が効果的である。

⑤時間的近接（temporal contiguity）の原理

　　関連性が高い言葉と画像は順々に提示するよりも，同時に提示した方が効果的である。

⑥分割（segmenting）の原理

　　マルチメディアを活用した学習は，切れ目なく，連続的に行われるよりも，学習者が自分のペースで学習を区切りながら学ぶ方が効果的である。

⑦先行学習（pre-training）の原理

　　学習者がマルチメディアによる学習を行う前に，学ぶべき概念にかかわる重要な用語や概念の特長を学んでおく方が効果的である。

⑧モダリティ（modality）の原理

　　動画像と文字での説明を組み合わせて提示するよりも，画像と口頭での説明を組み合わせて提示した方が効果的である。

⑨マルチメディア（multimedia）の原理

　　言葉だけで説明するよりも，言葉と画像を組み合わせて説明する方が効果的である。

⑩人格化（personalization）の原理

　　説明は堅苦しく，フォーマルにするよりも，会話調で学習者に語りかけるようにした方が効果的である。

⑪声（voice）の原理

　　説明は機械音声を用いるよりも，親しみやすい人間の声を用いた方が効果的である。

⑫画像（image）の原理

　　話し手の画像が画面に提示されたとしてもされなかったとしても，学習効果には影響しない。

6 教育における ICT 等を導入する視点

ICT を含む新たなメディアを教育に導入する際の視点は，それを導入することで，①教育効果が高められるかどうか，②教育の効率を高められるかどうか，③新たな教育活動がつくれるかどうかの 3 つに集約できる。以下，それぞれを概説する。

(1) 教育効果の向上を図る

教育への新たなメディアの導入は，一般的には先述したようにデマンド・プルの観点から，そのメディアを導入した場合の教育効果を考えて行う。例えば ICT を導入する場合には，オーセンティックな映像を活用することで実感をともなう理解を促したり，説明や発表の視覚化によって理解の共有を図ったりすることなどが考えられる。

(2) 教育の効率の向上を図る

ICT を導入することによる効果が限定的であったとしても，ICT を活用することで同じことが短い時間でできるようになったり，同じ時間でより多くのことができるようになったりすれば，ICT を導入する意義はある。例えば，ワークシートや学習者の制作物を投影したり，視覚化によって説明や板書にかける時間を短縮したりするなど，ICT を導入することによって教育の効率化を図ることなどが考えられる。

(3) ICT ならではの教育活動を取り入れる

ICT を導入することで，これまでできなかった教育活動を行うことができれば，ICT を導入する意義は大きい。例えば，国内外の他の学校とテレビ会議を使って遠隔交流学習を行ったり，学習者用のデジタル教材などを使って個別・反復学習や家庭学習を促したりすることなどが考えられる。

　教員は，新たなメディアを導入する際，そのメディアならではの教育活動を取り入れなければならないと考えがちである。しかし，最初からそのメディア固有の教育活動をつくらなければならないと意識すると，そのメディアを取り

入れる際の心的な負担が大きくなる。そこで，ICT のような今後，活用して
いくことが必須のメディアを導入する際には，まずはこれまで行ってきた教育
活動の効果または効率を高める活用方法を検討するとよい。そうして ICT を
活用していく中で，徐々に ICT ならではの教育活動を創造していくことが望
まれる。

こうした新たなテクノロジーの導入の段階を示すモデルとして，Puentedura
(2010) の SAMR モデルがある。SAMR モデルによれば，テクノロジーの導
入は，以下の段階からなる（図 4 - 3 参照）。なお，このモデルでいう「変容」
と「再定義」の段階が，ICT を活用しなければ実現しない段階である。

(1) 代替（S：Substitution)

これまでアナログの機器・教材を用いて行っていたことをデジタルの機器・
教材に置き換えて行う段階をさす。例えば，児童生徒が文書を作成する際に，
紙に書く代わりに，ワープロソフトに打ち込むことなどをいう。

(2) 拡張：（A：Augmentation)

デジタル機器・教材を活用することによって，これまで行っていたことを大
きく変えることなく，効果や効率の改善を図る段階をさす。例えば，児童生徒
がより正確な文書を書くために，ワープロソフトの校閲機能や文字カウント機
能を活用することなどをいう。

(3) 変容（M：Modification)

テクノロジーの導入により，「主体的・対話的で深い学び」の実現や，変化
の激しい時代における課題発見・解決力など新たな資質・能力の育成をめざす
段階をさす。例えば，児童生徒が文書をクラウドで共有し，共同制作すること
などをいう。

(4) 再定義（R：Redefinition)

テクノロジーの導入により，複雑な実社会の課題解決を図ったり，新たな価
値の創造をめざしたりする段階をさす。児童生徒が共同制作した物語を電子出
版することなどをいう。

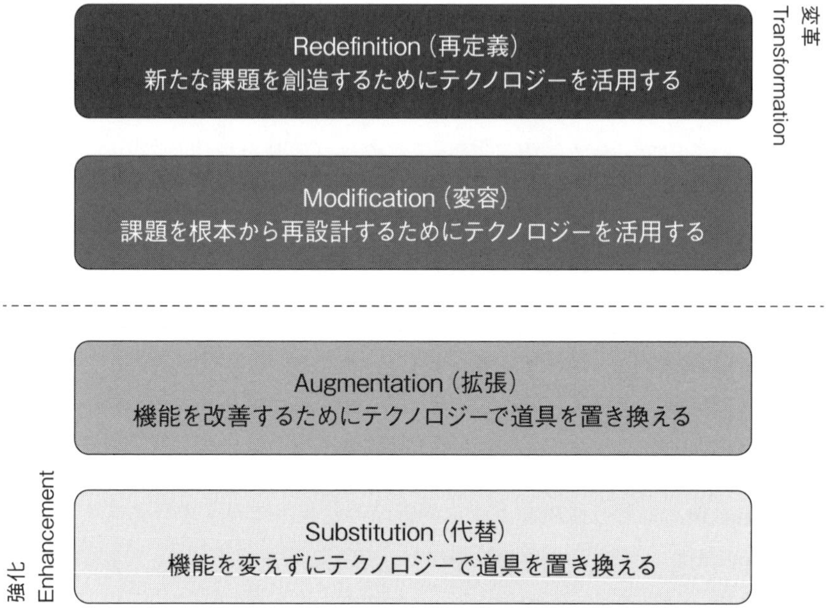

図 4−3　SAMR モデル（Puentedura，2010をもとに作成）

7　ICT 活用教育のポイント

　教科指導等において，ICT 活用教育を進めるポイントは 4 つある。

　1 つめのポイントは，「統合化」である。教員は，休み時間に次の授業のための準備時間を十分に取れないことが多い。機器の準備に手間取るようでは，ICT を使いたいとは思わない。ICT の活用を進めるには，電子黒板等の大型提示装置に実物投影装置やブルーレイプレイヤーなどを接続した状態で教室に常設しておくなど，すぐに使える状態をつくっておくことが重要である。学校によっては，ICT 係を設け，児童生徒に機器の準備をさせている例もある。

　2 つめのポイントは，「差別化」である。ICT を導入したからといって，授業のすべてを ICT で行う必要はない。また，アナログメディアを活用した方が高い学習効果が見込める場合には，アナログメディアを使った方がよい。

　3つめのポイントは，「透明化」である。機器を「使いこなさなければならない」「失敗したらどうしよう」と恐る恐る使っていては，授業にならない。また，操作に無駄な時間を費やすと，児童生徒の集中力を削ぐ。ICTを黒板などのアナログメディアと同様に，使っていることを意識することなく使えるようになること，ICTを透明な存在として意識できるようになることが重要である。それには，毎日，少しずつでも授業にICTを取り入れて使うことが望まれる。

　最後のポイントは，「共有化」である。アナログ時代と比べて，現在では授業に使える教材・資料の数が格段に増している。広大なデジタル空間から，授業のコンテキストや流れに合い，なおかつ信頼性や正確性が高い教材を探し出すのは容易なことではない。有効な教材や授業実践，ICTを活用した教科指導の動向などの情報を共有できる仕組みや組織をつくり，相互に助け合っていくことが求められる。

Ⅳ　遠隔・オンライン教育の理論と実践

　「いつでも・どこでも・だれでも」学習できる環境と機会を提供する遠隔・オンライン教育に対する需要は近年，全世界的に高まっている。オンライン教育の利点は，学習者側からすれば，時間的・地理的制約から解放され，興味をもった内容を自由に学習できることと説明される。教授者・設計者の利点は，学習者の学習履歴や達成度などの情報を把握できること，場所の制約なく大人数へのサービスを同時に実施できることである。

　ここでは，近年急速な拡がりをみせているオンライン教育コースの企画・運営の手続きと，その際に注意すべき事項について概説する。

1 遠隔・オンライン教育コースの開催手順

遠隔・オンライン教育コースの開催手続きは，一般的に「企画」「実施準備」「実施」「事後フォロー」という流れで進められる。

「企画」段階では，コースのテーマや開催方法・期間，学習形態を検討し，カリキュラムを開発する。また，学習者および学習課題を分析する。

「実施準備」段階では，情報を収集し，教材を制作するとともに，学習者の募集・登録を行う。

「実施」段階では，コースを開講し，オンラインでの学習や交流活動とともに，必要があれば対面でのスクーリングを行う。

「事後フォロー」では，学習評価を行い，学習者にフィードバックするとともに，コースの形成的評価を行う。また，必要に応じて，オンラインでの交流を継続する。

オンライン教育が従来の遠隔教育と異なる点は，遠隔にあっても双方向型の学習や協働的な学習が可能であることである。そこで，オンライン教育コースの企画・運営にあたっては，オンライン教育の利点を生かしつつ，学習者の特性や学習課題に対応したコース設計を検討することが望ましい。

2 オンライン教育の形態

オンライン教育の形態は，学習が同時双方向的であるか否かによって大きく2つに分けることができる。リアルタイムで教員と学習者，学習者間の相互交渉が行われる場合には，学習者はチャットやテレビ会議システムなどを利用しながら，同一の課題に関して議論しながら学習を進める。リアルタイムでのコミュニケーションが行われない場合には，学習者はサーバに蓄積されている教材にアクセスして学習を進める。

オンライン教育の形態は，学習の同時双方向性の有無と学習コンテンツ，実施の形態により，以下に示す分類が可能である。

(1) 教材マニュアル型

教材マニュアル型とは，教授者・設計者が学習コンテンツをデータ化して，ウェブ上に掲載し，学習者はそれを受信することで学習する，オンライン教育の形態である。学習コンテンツは，テキストだけの場合もあるが，動画像を使って学習者の動機を保つつとともに，確かな理解を促す工夫がされる場合が多い。教員と学習者，学習者間のコミュニケーションは，主として非同期的なものとなる。その際には通常，電子掲示板や電子メールが利用される。

教材マニュアル型のコースは，一般的には知識の獲得をめざす，認知の領域の学習に向く。

(2) RPG型

RPG（Role Playing Game）型とは，学習者が自身の学習の進度や興味・関心に合わせて学習する内容を選択していく形式のオンライン教育の形態である。学習者のペースに合わせた学習が可能であるため，個別・自主学習に向く。また，ゲーム感覚で学習できるため，学習意欲の喚起につながる。

RPG型のオンライン教育プログラムには通常，学習履歴を蓄積，管理する機能がついているので，学習者はその機能を利用して学習の進み具合を確認することができる。学習者は，自身の学習について，「何ができ」「何ができないか」をモニタリングしながら学習を進めていくため，認知的方略の訓練に向く。しかしながら，一方では学習者は常に自己省察を繰り返しながら学習をする必要に迫られるため，学習者にかかる認知的負荷が高い。

(3) コミュニティ型

コミュニティ型とは，チャットやテレビ会議システムなどの双方向同期型コミュニケーション・ツールを利用して，教員と学習者，学習者同士でコミュニケーションを図りながら進めるオンライン教育の形態である。学習者は，共通の課題について討論しながらお互いのナレッジスキルを高めていく。相互交渉の内容は，質疑応答や単純な意見交換の場合もあれば，特定の学習課題に対する協働作業の場合もある。

コミュニティ型を採用した場合，教材マニュアル型やRPG型と比べて，人

員の確保や学習者の時間調整などの手間が多くなる。また，コミュニケーションを促進させるための方策や，コミュニケーションを図る際のルール作りやその周知が必要となる。

(4) 遠隔授業型

遠隔授業型とは，字義通り，インターネットを活用して遠隔で授業を行うオンライン教育の形態である。遠隔授業型では通常，テレビ会議システムや電子ホワイトボードなどが用いられ，リアルタイムでのコミュニケーションを図りながら授業を行うことができる。

電子ホワイトボード機能を用いる場合には，教員と学習者が特定の学習コンテンツを共有し，チャットをしたり，ホワイトボードにコメントを入れたりしながら学習を深めていく。テレビ会議システムを用いる場合には，教員の講義を学習者が視聴しながらリアルタイムで質疑応答，討論などを行う。

(5) ブレンド型

オンライン教育コースを開催するにあたっては，学習のすべてをオンラインで行うのか，対面型をそこに盛り込むのかを検討する必要がある。

ブレンド型学習（ブレンディッド・ラーニング）とは，オンライン教育と対面型の学習の双方の利点を取り入れ，併用するオンライン教育の形態である。例えば，特定の課題についての基礎的・全体的な知識の獲得はオンラインで，専門的・個別的な知識の獲得は対面で行う場合がある。また，ある機器の特性や機能など知識の習得をオンラインで，機器の操作など技術の習得を対面で行うなど，様々な活用の仕方がある。

近年，ブレンド型学習の一方策として，「反転学習」が注目されている。反転学習とは，基礎的な知識・技術の習得を家庭での個別のオンライン学習で行い，知識・技術を活用した応用的な協働学習を対面で行う学習形態である。対面で講義を受け，家庭で課題に取り組んでいた，従来の学習の場を引っくり返す学習形態であるという意味から，「反転」学習と名付けられている。反転学習を導入し，基礎学習を家庭で行うことで，対面学習を協働や課題解決のための場とすることができる。また，結果として教育における最も重要な学習資源

のひとつである「学習時間」の増加が図れるとされる（Tucker, 2012）。

V　情報化社会における情報モラルの課題

　ICT の急速な進展にともない，多様かつ大量の情報の生成，加工，収集，交換が可能となっている。こうした情報化の流れは，われわれの暮らしや社会に恩恵をもたらす一方で，情報倫理や，権利意識が問われる問題が浮上している。また，利用者が危険な状況に巻き込まれる例が増えている。すなわち，情報社会および ICT の特性の理解や，ICT を利用する際の関連法規やマナー，リスクマネジメントに関する知識と態度としての「情報モラル」の問題である。

1　情報モラルの定義と情報モラル教育の範囲

　学習指導要領解説（総則編）において，「情報モラル」とは，「情報社会で適正な活動を行うための基になる考え方と態度」であると定義されている。情報モラル教育は，節度や思いやり，規則の尊重などの日常生活におけるモラル教育を基礎として行われる。しかしながら，情報社会では個人情報の流出や不正請求など，倫理観や判断力だけでは対応しきれない課題も多く，またスマートフォンや SNS の急速な普及により，児童生徒がその利用にともなう犯罪被害やいじめに巻き込まれる状況も増えている。そのため，情報セキュリティや有害情報対策などの情報社会固有の知識・理解なども学ぶことが必要である。

　「情報モラル教育実践ガイダンス」（国立教育政策研究所教育課程研究センター，2011）では，情報モラル教育の内容として，以下の 2 領域 5 分野を定め，すべての教員がすべての児童生徒を対象に身に付けさせる必要があるとしている。

(1) 心を磨く領域
　・情報社会の倫理

人権や知的財産権を尊重して情報社会における行動に責任をもつ,「情報に関する自他の権利を尊重して責任ある行動を取る態度」

・法の理解と遵守

情報の保護や著作権に関する法律や契約行為の意味などを理解し,行動する,「情報社会におけるルールやマナー,法律があることを理解し,それらを守ろうとする態度」

(2) 知恵を磨く領域

・安全への知恵

情報を正しく安全に活用するとともに,自他の安全や健康を害するような行動を抑制する,「情報社会の危険から身を守り,危険を予測し,被害を予防する知識や態度」

・情報セキュリティ

情報の不正使用や不正アクセスをされないとともに,情報の流出や消失などから自他を守る,「生活の中で必要となる情報セキュリティの基本的な考え方,情報セキュリティを確保するための対策・対応についての知識」

(3) 双方にまたがる領域

・公共的なネットワーク社会の構築

ネットワークは共用のものであるという意識をもち,主体的かつ協力的にネットワークを使おうとする,「情報社会の一員として公共的な意識をもち,適切な判断や行動を取る態度」

2 情報モラル教育を進めるポイント

情報モラル教育は,学習指導要領の総則にも示されているように,特定の教科等だけではなく,教科等横断的な視点から進める必要がある。情報モラル教育を進めるポイントとして,以下の3つがあげられる。

(1) 児童生徒のICTの利用実態の把握

情報モラル教育は,情報社会における児童生徒の行動や実態に合わせて行う

ことが望ましく，また変化の激しい社会にあって児童生徒の ICT の利用実態は変わりやすい。そこで，情報モラル教育を進めるにあたっては，定期的に児童生徒の実態を把握しておく必要がある。児童生徒の情報社会における行動や実態は，学校生活の中での会話や観察などを通じて把握するほか，ヒアリングを行ったり，アンケート調査を行ったりして把握することがある。

(2) 学校全体での情報モラル教育の推進

情報モラル教育は，各教科に加え，特別な教科道徳，総合的な学習の時間，特別活動等において，教科横断的に実践される。その際，学校や地域の実態に合わせた体系的な教育課程をつくることが重要であり，何をいつ，どこで，どのように学ぶのかについて，教科や学年を超えて，学校全体で共通理解を図ることが必要である。そのためには，学校における情報モラル年間指導計画を策定することなどが望ましい。その際には，文部科学省が発表した「情報モラル指導モデルカリキュラム（文部科学省，2007）」が参考になる。

(3) 保護者，地域と連携した情報モラル教育の推進

児童生徒がインターネット等を使う機会は，学校においてよりも，学校外においての方が多い。また，学校外で ICT を使う際に，児童生徒が何をどのように使っているのかを教員や保護者が把握していない場合も多い。そこで，児童生徒が ICT を安全に利用できるよう，例えばフィルタリングやウイルス対策などを施したり，問題が発生した場合の対応法や連絡先などを知っていたりすることが重要である。あわせて，保護者や地域住民が参加する講座や会合において，学校の情報教育の指導方針や指導の実態を説明することで，情報モラル教育に関する理解を得るとともに，協力できる体制をつくることが望ましい。

3　ICT 活用における児童生徒の健康面への配慮

これからの社会においてめざすべきウェルビーイング（幸福感）について，Beetham（2016）は，「デジタルウェルビーイング」という概念を提唱し，ICT 活用能力や情報データメディアリテラシー等とともに，デジタル技術活

用能力の柱のひとつとして規定した。「デジタルウェルビーイング」は,「デジタル環境における個人の健康, 安全, 関係性, ワークライフバランスに留意する能力」と定義される。また, Beetham らの研究グループは, デジタル技術活用能力を診断する「デジタル・ディスカバリーツール」を公開している。以下, デジタルウェルビーイングに関する診断ツールの一部をあげる (Jisc, 2017)。

> 問. 次のうち, どの健康なデジタル習慣を実践していますか?
> ・作業中に画面を見ない時間を設けている
> ・就寝前に明るい画面を見ないようにしている
> ・作業に集中しなければならない時には, SNS からログオフしている
> ・交友関係を広げ, 育むためにデジタルネットワークを活用している
> ・健康関連アプリを使っている, または健康に関するフォーラムに参加している
> ・よい姿勢を保てるよう, 仕事・学習環境を整えている

また, 主として学校における児童生徒の健康に留意した ICT の活用について, 文部科学省は, 2021年3月に「ICT の活用に当たっての児童生徒の目の健康などに関する配慮事項」を作成し, 2022年3月に「児童生徒の健康に留意して ICT を活用するためのガイドブック 令和4年3月改訂版」を発表した。ガイドブックには, 教室の明るさ, 電子黒板の活用, タブレット PC の活用について, 教員が ICT を活用した授業を行う際に参照できるチェックリストが収録されている。

 演習問題

1. 何かひとつメディアを取り上げ, それを「装置」,「メッセージ」,「材料」,「環境」の視点から説明しなさい。

2．何かひとつ ICT 機器・教材またはソフトウェアを取り上げ，その導入の
段階を SAMR モデルにしたがって説明しなさい。

3．教員として児童生徒の ICT 活用の実態を把握する際に尋ねる，質問項目
を検討しなさい。

 読書案内

○文部科学省初等中等教育局情報教育・外国語教育課『情報化社会の新たな問
題を考えるための教材～安全なインターネットの使い方を考える～指導の手
引き―令和 2 年度 追加版―』文部科学省 2021

文部科学省の調査研究結果にもとづく，情報化社会の進展にともなう課題に
対する指導を行うための手引書である。公開されている動画教材とセットで活
用してほしい。

○向後千春『教師のための「教える技術」』明治図書出版 2014

「教えること」について，教える技術，授業設計，クラス運営という柱にも
とづき，わかりやすく解説したテキスト。学校教員だけでなく塾の講師などに
もおすすめである。

○稲垣 忠（編著）『教育の方法と技術 Ver.2：ID と ICT でつくる主体的・対
話的で深い学び』北大路書房 2023

インストラクショナルデザインの考え方にもとづき，授業の作り方や ICT
の活用について学ぶことができるテキスト。巻末の学習指導案のひな形なども
役立つ。

第 5 章
教育における評価

　評価といえば試験や通知表を連想する人が多いが，本来の教育評価は，子どもの成績のよしあしを値踏みするだけではなく，教育活動全体を反省・改善する営みである。本章では，客観性を重んじる一方で競争を助長しがちであった集団準拠評価から，「何ができるのか」「できるようになるためにはどうすればよいのか」を明らかにしようとする目標準拠評価へと移り変わってきたわが国の教育評価の流れをたどりながら，多面的に子どもを育てる道筋を見いだす教育評価のあり方を考える。

I　教育評価とは何か

1　教育評価＝学力試験ではない

「教育評価とは何か」という問いに対して最も多い回答は，「試験」「成績」「通知表」といったものであろう。大半の人は，子どもの頃から通知表を手にして一喜一憂した経験をもっている。その経験が脳裏に焼き付いているから，「試験／成績／通知表」が連鎖反応的に想起されるのであろう。

しかし，それは教育評価の一部ではあっても，教育評価を包括的に説明しているわけではない。では，どう定義するか。

教育評価とは，「教育改善の手がかりを探るために行う教育成果の客観的な把握」のことである。より良い教育を行うためには，現行の教育が所期の成果を上げられたのか否かを可能な限り客観的に把握しなければならない。もし，所期の成果が上げられていないようであれば，現行の教育のどこを，どのように改善すべきなのかを見定め，改善策を立てて実行に移さなければならない。

ところで，教育成果の把握の方法は，以下に述べるように多様にある。しかし，最も多く採用され，多くの人の目に触れやすい方法は「学力試験」であろう。そのため「学力試験＝教育評価」という誤解をする者が多いのである。

しかし，学力試験は，教育成果の把握の"1つの"方法であって，全てではない。教育成果把握の方法は，学力試験以外にもたくさんある。例えば，子どもの学習状況の観察，教員の学習指導に関する聞き取りや観察，等々。あるいはまた，学校経営，学級経営の状況の把握，保護者や地域状況の把握なども，教育評価に多くの手がかりを与えてくれる。

2 教育改善に必要な情報とその収集

　前項で，教育評価の役割は，教育改善の手がかりを得ることにあると述べた。そのことをもう少し詳細に見ていこう。

　まず，教育改善の手がかりとして得るべき情報にはどんなものがあるのだろうか。

　①　子どもの学習到達度の把握……教育成果の把握に最も重要な手がかりを与えてくれるのは，なんと言っても子どもの学習到達度である。学校教育の最も重要な役割は，子どもに目標とする学力を付与することである。したがって，その役割の成否を問うためには，子どもの学習到達度が不可欠の情報ということになる。

　学習到達度を把握する方法として最も一般的なのは，学力試験である。しかし，それだけが唯一の方法ではない。入試などでよく言われるように，学力試験は一発勝負である。子どもによっては，試験当日の体調の影響で，十分に力が発揮できなかったりすることもある。緊張しやすい子にも同様なことが言える。つまり，学力試験は，学習到達度の情報収集法として有力な方法ではあるが，十全とは言えない。

　したがって，学習到達度の情報収集には，学力試験以外の方法も加味することが重要である。なかでも重要な方法は，日常の授業時における子どもたちの学習状況の観察である。発問とそれに対する応答，ノートの点検等，ともかく子どもの学習状況を丁寧に観察することは，重要かつ不可欠の情報収集の手立てである。

　②　子どもに関する個人的情報……同じ教育を実施しても，子どもによってその成果が異なる。では，その相異はどのような要因によって生じるのか。子どもの基礎的能力，性格，家庭環境，さらには居住する地域環境など，様々な要因が関与している。環境には物的環境と人的環境とがあり，どちらもが，子どもに相応の影響を与えていることは間違いない。それらに関わる情報を把握することは，教育改善に多くの手がかりを与えてくれる。

これに関する情報収集の方法としては，家庭状況調査，家庭訪問や保護者面談における会話などが1つの有力な方法となる。また，学校・学級における日常の子どもたちの様子の観察も重要な手立てである。休憩時間などの活動の様子，給食時間における子どもの観察など，フォーマルな聞き取りだけでは得られない多様な情報を把握することが可能である。

　さらに，地域住民から学校にもたらされる子どもたちに関する情報の中にも有力な情報が含まれていることがある。

　2017（平成29）年，「地方教育行政の組織及び運営に関する法律」の改正によって，学校・家庭・地域との協力関係のもとに学校運営を進める，いわゆるコミュニティ・スクールの導入が教育委員会の努力義務とされた。現在，学校ごとに「教育協働委員会」を設ける動きが進みつつある。こういう委員会の中で，子どもたちの校外の様子が報告されることも多く，一人一人の子どもの様子は把握できなくとも，子ども同士の人間関係などに関して思わぬ情報がもたらされることがある。教育評価と直結しないとはいえ，「いじめ」を疑わせる情報がもたらされることも多い。A君が，他の数人の子どもの鞄を持たされているなどといった情報である。

　また，家庭状況に関しても，教員には把握しにくい情報がもたらされることもある。監視を推奨するのではなく，見かけたことで気になることが教育協働委員会の場で報告されることがあるということである。

　学校，教員はこうした情報に関して気がかりなことがある場合は，決して捨て置かず，情報収集に尽力することが重要となろう。

　③　子どもを取り巻く学校環境に関する情報……子どもたちは，所属する学級・学年・学校というように多様な環境の中で生活し，学習している。ここでも，環境には物的環境と人的環境とがあることは言うまでもない。人的環境に関しては，子ども同士の人間関係だけでなく，教職員との人間関係も無視できない。こうしたことに目を配り，多くの情報を得ておくことは，教育評価に大きく寄与する。

　物的環境についても，学校の自然環境，校舎，教室など多様な要素がある。

学校は，教室や廊下，階段，トイレ等の環境に留意し，子どもの安全や教育的意義をもつ環境の整備に心を砕いている。古くても清潔で整理された環境が子どもたちに与える影響は悪いはずがない。

　一方，こんな環境はどうだろう。だいぶ前になるが，ある公立高校で，生徒の持ち物や缶に入った飲み物が足の踏み場もないほどに床に散乱している光景を見たことがある。当然，授業中の私語はあたりまえ。こういう人的・物的環境がどのような影響を与えるか。少なくとも，秩序などといった価値観が育つことは全く望めまい。

　学校環境に関する情報収集では，教員による日常の観察が重要な手立てである。こうして収集した実態の情報は，全教員で共有し，必要な改善につなげることが重要となろう。

　④　学校経営，学級経営に関する情報……学校経営や学級経営は，「③子どもを取り巻く学校環境」に含めても良いが，一応，別立てにしておく。学校経営や学級経営は，子どもの学習にどのような影響をもつか。一見，無関係のように思うかもしれないが，そんなことはない。ことに学校経営の場合，例えば，細々とした生活習慣についてまで厳しくする学校と，基本的なことを除けば比較的緩やかな学校とでは，子どもに与える影響は大きく異なる。

　ひと頃，いわゆる「ブラック校則」が話題となった。頭髪の長さや髪色を規定する学校も少なくない。最近，マスメディアで話題になって例としては，下着の色の規定がある。

　一方，SOGI（性的指向・性自認）に配慮して，女子の制服にスカートではなく，ズボンを選択可とする校則も出はじめている。男子の制服にスカートを取り入れた校則があるのか否かは不明だが，あってもおかしくはない。

　以上は，生活に関することだが，学習についても，多様な学校環境がある。ともかく「進学，進学」という学校もあれば，あまり，厳しくは言わない学校もある。どちらが良いかという問題ではなく，こうした学校経営が，子どもに何らかの，時には大きな影響を与えることは確かである。当然，学習成果に大きな影響を与える要因となり得るということである。

3　学力試験の副反応とその回避

　新型コロナウイルス感染症については，ワクチンによる副反応が報じられてきた。副反応は，ワクチン接種に伴う健康上の有害事象を意味する。

　学力試験にも，"副反応"と言える有害事象が見られることが多い。2022年４月に実施された「全国学力・学習状況調査」にかかわって，例年，好成績を上げてきたＡ県において，試験の事前準備などが行われていたと報じられた。その詳細は，ここに記す紙数の余裕はないので割愛する。こうした副反応が起きる最大の要因は，学力試験の結果として公表される点数（数値）のみが一人歩きすることにある。学力試験の結果が数値で示されること自体が悪いというわけではない。問題なのは，その数値の示す意味を分析的に捉えず，「出来・不出来」の尺度としてのみ捉えることである。言いかえれば，スポーツにおける順位づけのように，学力試験の結果数値を順位づけの物差しとして見る姿勢が問題なのだ。

　学力試験の結果として示される数値は，単なる順位づけの物差しではなく，なぜ，そういう数値になっているのか，言いかえれば，数値の背後にある問題を探る手がかりなのである。つまり，学力向上の手立てを考察するための手がかりと捉えなければならないということだ。子どもの学力のどこに問題があるのか，どうすればその問題を解決し，学力改善につなげられるのか，それを考える多くの手がかりを与えてくれるのが，学力試験に伴う数値なのだ。

　ところが，多くの教育関係者，子ども・保護者は，その数値を子ども，学校，教員の順位づけの物差しとしてしか見ない。それが，度重なる学力試験の副反応を引き起こしてきたのである。

　戦後，国による全国学力・学習状況調査（以下，学テ）は，名称や実施方法を変えつつ，連綿と実施されてきた。その詳細について，ここで記述する余裕はないが，さきのＡ県のような事例は，決して珍しいことではないのだ。学テの結果は数値化されて公表される。その数値を何とかして上げようとする自治体・学校は少なくない。

＊平均点を下げてしまいそうな子どもには試験を受けさせない（試験時間中は別室で待機させる，など）

＊試験監督の教員が，試験時間中，教室を巡回しながら，子どもの答案に目を配り，誤答を見つけると，誤答の箇所を，指で指し示す。「間違えているぞ」の合図である。

＊通常の授業時間でも，常に，学テを意識した事前準備的な指導をする。その結果，重要な学習指導が見逃されることも少なくない。

こうした問題は，すでに明治期の学校でも起きていた。1891（明治24）年に出された文部省令「小学教則大綱」（今で言えば，学習指導要領）に，注目すべき記述がある。

「第21条　小学校ニ於テ児童ノ学業ヲ試験スルハ専ラ学業ノ進歩及習熟ノ度ヲ検定シテ教授上ノ参考ニ供シ又ハ卒業ヲ認定スルヲ以テ目的トスヘシ」

この文章はさほど難しくはなかろうが，念のため意訳しておこう。

「学業試験は，学習の進捗状況，習熟状況を調べ，学習指導上の参考とし，また，卒業認定をすることを目的とすべきである」

この文部省令には，本文の後に「説明」が付されており，第21条に関して，次の記述がある（読みにくそうな漢字にのみ，読み仮名を付しておく）。

「元来試験ヲ以テ妄（みだ）リニ競争心ヲ皷舞スルノ具トナスカ如キハ教育ノ法ヲ誤リタルモノニシテ殊ニ二個以上ノ小学校ノ児童ヲ集合シテ比較試験等ヲ行ヒ偏（ひとえ）ニ学業ノ優劣ヲ競ハシムルカ如キハ教育ノ目的ヲ誤ルノ虞（おそれ）ナシトセス是レ第二十一条ノ規程アル所以（ゆえん）ナリ」

この文の主旨は，以下のようなことである。

＊学業試験は他校との競争のために行うのではない。

＊競争心を煽る道具にするような試験であっては，教育の目的を誤らせると言わざるを得ない。

＊第21条は，そうしたことが起きないように定めた規定である。

明治政府のこのような危惧は現代においてなお，色あせてはいないのだ。学テの歴史をひもとくと，学テが競争の道具になっている事例が絶えることなく

見られる。

近年，国際的な学力調査も隆盛している。

1つはOECD（Organisation for Economic Co-operation and Development
／経済協力開発機構）によるPISA（Programme for International Student
Assessment／生徒の学習到達度調査）である。なお，PISAは，日本では「ピ
サ」と発音されることが多いが，OECDでは「ピザ」と発音されている。ど
ちらが正しいという問題ではないが，一応，知っておくと良い。

もう1つはIEA(The International Association for the Evaluation of Educational
Achievement／国際教育到達度評価学会)によるTIMSS(Trends in International
Mathematics and Science Study／国際数学・理科教育動向調査）である。なお，
TIMSSは「ティムス」と発音する。

この2つの学力試験に関しても，明治政府の危惧は払拭されているとは言い
がたい。PISAにせよ，TIMSSにせよ，「日本の子どもは，世界で第○位だ」
というように，順位だけが一人歩きして報道される。これは，まさしく学力試
験の副反応，有害事象にほかならない。

競うことを一概に悪いとは言えない。とはいえ，行政，学校，教員，子ども・
保護者が「順位競争」に意識を向けることは，決して良い結果を生まない。学
力試験は，小学校教則大綱が示すように，「教授上ノ参考ニ供シ又ハ卒業ヲ認
定スルヲ以テ目的」とすることこそ本旨である。つまり，学力試験は次のよう
な意義をもつものであることを，常に意識しなければならない。

① 子どもにとっての意義……自分の学習成果の良い点，改善すべき点を
　　知って，学習の目当てを立て，学習を進める。

② 教員にとっての意義……子どもの学習到達度を把握し，個々の子どもに
　　対する学習指導，担当する教科や学級に対する学習指導の改善に役立てる。

③ 学校にとっての意義……各学年・各学級の学習到達度を把握し，学級編
　　制，担当教員の配置，さらには，物的環境等の改善に役立てる。

④ 行政にとっての意義……各学校の学習到達度を把握し，人的・物的環境
　　の整備・改善に役立てる。

　ともあれ，学力試験は，学力向上・改善の有力な手がかりを与えてくれるものであって，競争のための物差しではないことを肝に銘じよう。

Ⅱ　集団準拠評価から目標準拠評価へ

　本章の冒頭で，教育評価を「教育改善の手がかりを探るために行う教育成果の客観的な把握」であると定義した。

　教育評価に関しても，学力試験と同様の副反応が起きがちである。例えば，子どもや保護者の目に触れる教育評価と言えば，まずは通知表である。ほとんどの場合，通知表には教科ごとに5段階の評定値が記されている。この数値もまた，本来の意義が見失われて，競争のための物差しとして見られることが多いのである。

1　「指導要録」の登場と学力競争の萌芽

　本論に入る前に，「指導要録」と「学習指導要領」について，若干解説しておこう。「指導要録」と「学習指導要領」とを混同している人が案外多いからである。

　「指導要録」は児童生徒の「学籍に関する記録」と，在籍時の児童・生徒の「指導に関する記録」とを記した文書である。一方，「学習指導要領」は，学校における教育課程の基準として文部科学省が提示する文書である。「学習指導要領」は，時代の変遷に併せて，概ね10年ごとに改訂されてきた。

　以上のように，両者は明確に異なった文書なのだが，教育に専門的に関わる人は別として，これを混同する人が少なくない。学生の中にも，両者の相異をよく理解していないと思われる者がいる。

　「指導要録」と「学習指導要領」とは異なった文書なのだが，発音・文字面が似ているため，混同されがちである。また「学習指導要領」を＜指導要領＞

と略称する人がいる。こうなると，発音・文字面はいっそう似てくるので，両者の違いを十分に心得ていたとしても，どちらを話題にしているのかがわかりにくいことがある。この混同を避けるためにも，「学習指導要領」を＜指導要領＞と略称することはやめにしよう。

(1) 「学籍簿」から「指導要録」へ

「指導要録」が法令用語として登場したのは，1949（昭和24）年である。それまで，児童・生徒の在籍記録として，学校では「学籍簿」を作成することとなっていた。「学籍簿」は，学校における児童・生徒の戸籍である。

1949年に「学籍簿」には在籍の記録に加え，学校における児童・生徒の「行動の記録」を記載することとなった。それに伴い，「学籍簿」は「指導要録」へと名称変更されたのである。「行動の記録」には，児童・生徒の行動の記録だけでなく，指導上の留意点が記載され，児童・生徒の進学先の学校に引き継がれることとなった。

(2) 「指導要録」における5段階評定

「指導要録」には，行動の記録として学習の記録が記載されることとなり，教科別の評定値が記されることとなった。評定値は，児童生徒の成績を5段階評定値に換算して記載された。当初，5段階評定値は，いわゆる「正規分布曲線」の理論にもとづき，各段階に属する児童・生徒の割合が定められていた。「5」「1」に属する児童・生徒の割合は各7％，「4」「2」に属する児童・生徒は各24％，「3」に属する児童・生徒は38％とされたのである。

このことが，戦後の過度な学力競争を助長した側面を否定できない。評定値で「5」をとることが児童・生徒の学習の目標となり，さらには保護者や教員の教育目標となったのである。5，4，3，2，1が児童・生徒の序列に見えたとしても，そのように見た人を責めるわけにはいくまい。と言うより序列に見えて当然なのである。5段階評定値には，そのような魔力が潜んでいる。

2　集団準拠評価と目標準拠評価

(1)　集団準拠評価

　集団準拠評価は，一般的には「相対評価」と呼ばれることが多いが，「相対」の意味が曖昧なので，評価論では集団準拠評価の語を使うことが多い。その意味は，評価の基準を集団に置く（集団に準拠する）ということである。つまり，ある個人の能力が，その個人が所属する集団の中でどの辺りに位置するかを把握するのが集団準拠評価である。

　中央が盛り上がった左右対称の山のような曲線（正規分布曲線）をどこかで目にしたことがあるはずだ。正規分布とは，集団に属する人や物の様々な特質（例えば，身長や体重など）は，正規分布曲線のように分布する（はずだ）という考え方である。先に述べた5段階評定の各段階に属する児童・生徒数を7％，24%，38%，24%，7％と定めたのも，正規分布の理論にもとづいている。

(2)　目標準拠評価

　これに対し，何らかの教育目標を基準に置く評価が目標準拠評価である。例えば，「一桁の2つの数の足し算を，間違えずに正答する」という目標を考えてみよう。この目標では，問題数が何問あろうが，全てに正答することを目標としている。その目標にどこまで近づいたかを示すのが目標準拠評価である。

　評価結果の表し方は多様である。10問中8問正解の場合，8／10のように，分数で表示することもできるし，1問1点として，8問正解なら8点と表示することもできる。あるいは，1〜2問正解⇒1，3〜4問正解⇒2，5〜6問正解⇒3，7〜8問正解⇒4，9〜10問正解⇒5というような5段階評定とすることもできる。

　ここでの5段階評定は，集団内における順位とは無縁である。1，2，3，4，5の数値は，あくまで当該児童・生徒が，目標をどこまで達成したかを示す数値なのである。他の子どもとの比較ではない。

　集団準拠評価を相対評価と表すことがあるのに対して，目標準拠評価を「絶対評価」と呼ぶことがある。しかし，この場合も「絶対」が何を表すのかがわ

かりにくいため，この語の使用は避けるべきだと筆者は考えている。

(3)　集団準拠評価から目標準拠評価へ―「指導要録」の変遷―

集団準拠評価が学力競争を煽りがちだという批判が強まっていく中で，文部科学省（2001年の省庁再編以前は文部省。煩わしいので，以下，年度にかかわらず「文科省」と記載する）は，「指導要録」の記載においては，目標準拠評価に変更する方針を固めていった。

1971（昭和46）年の指導要録においては，集団準拠評価を踏襲するものの，5段階評定の配分比率を正規分布によらなくてもよいとする方針が打ち出された。中途半端ではあるものの，集団準拠評価から目標準拠評価に向かって一歩前進したということになろう。

1980（昭和55年）の指導要録改定において，集団準拠評価から目標準拠評価への本格的転換が明示された。「観点別学習状況の評価」の導入である。ここで言う「観点」が，すなわち「教育目標」にほかならない。

その後，小・中学校において目標準拠評価は定着するようになり，現在，高等学校においても目標準拠評価の導入が進みつつある。

このように長い時間をかけつつ，学力競争の影を薄める努力が続けられてきた。ただし，学力競争が姿を消したわけではない。上級学校への進学をめぐって，特に大学の入試をめぐって，学力競争の亡霊は残存している。

他との競争ではなく，いかに自分らしく生き，自分らしく自らを高めるか，それこそが生きる意味であることを全ての人々が悟ることができた時，学力競争も影を薄めていくに違いない。

Ⅲ　時系列に沿った教育評価

教育評価は，前節で述べたように，集団準拠評価と目標準拠評価とに分けられる。この二分法は，評価の基準を何に置くのかという視点での類別であった。この場合，評価を実施するタイミングは，主として学習を終了した段階を想定

することが多い。

これに対し，学習の進展という時系列に沿って教育評価を類別する観点がある。それが，診断的評価，形成的評価，総括的評価である。指導の時系列に沿った評価をすることで，指導計画の修正や，次のステップの指導計画策定に役立てようとする工夫である。

1　診断的評価

学習の時系列で言えば，学習開始前に行う評価である。これから取り組む学習の基礎となるべき知識や技能に児童・生徒がどの程度習熟しているかを把握するための評価である。つまり，新しい学習開始の時点において，必要とされる知識・技能に関して，何が満たされているか，何が不足しているかを確認するための評価である。

新しい学習を進めるに当たって，診断的評価の結果にもとづいた指導をすることで，学習指導を効率的に進めることが可能となる。

例えば，習熟しているべき知識・技能に不足があることが判明した場合には，まず，その不足を補う指導が必要であることが判明する。つまり，新しい学習の指導計画を立てる際に，診断的評価の結果を参考にすることで，効率的な学習指導が可能となるのである。

また，習熟度別のクラス分けをする場合などは，診断的評価の結果を参考にしてクラス分けをすることができる。

2　形成的評価

形成的評価は，指導が進行中の学習成果に関する評価である。指導計画の中間点におけるチェックといってよい。計画にもとづいて指導が進められていたとしても，その指導計画によって所期の成果が上げられつつあるのかどうか，それをチェックするための評価である。ある段階において子どもたちが獲得し

ているはずの知識・技能を、子どもたちが間違いなく獲得しているかどうか
チェックすることである。

　通常の授業の中で、教員が「わかったかな？」という発問をすることがある。
この発問は、愚問ではあるが、つい聞きたくなる気持ちはよくわかる。これは
まさしく、教員が形成的評価をしようとしている姿にほかならない。

　指導のある段階で、そこまでの指導内容を子どもたちが把握できたかどうか
を確認することは、まさしく教員が無意識に形成的評価をしていることになる。
ただし、「わかった？」という発問は愚問である。学習内容を把握したか否か
を確認するためには、もう少し具体的な発問をしなければならない。小テスト
をするつもりで発問しなければ、正確な学習成果は把握できない。

　ただし、小テストが続くと、子どもは少し不安になる可能性はある。したがっ
て、教員は、「これは、君たちが今日の授業を理解してくれたかどうかを確か
めるテストで、次の時間の授業に役立てるためにするんだよ。成績をつけるた
めのテストではないから安心してね」と繰り返し確認しておくことも必要とな
ろう。

　それでも、小テストというと少し不安を覚える子どもはきっといるから、発
問のかたちで、数人の子どもを指名して確認する方法もあろう。全数確認は難
しくても、不安感を与えずにある程度の形成的評価をすることはできよう。

3　総括的評価

　学習が終了した段階で行う評価である。ここで重要なことは、成績付けのた
めではなく、次の指導に向かうための診断的評価と位置づけることである。

　指導要録がある以上、成績付けは教員の職務である。しないわけにはいかな
い。しかし、成績付けは、それまでの指導の段階で小まめにしてきた評価（診
断的・形成的・総括的）を総合的に捉えて行うことができるはずだ。

　つまり、時系列的評価の実施は、常に次の指導に向かうための手立てにほか
ならないのである。こう考えると、時系列の評価は、全て次の指導のための診

断的評価に他ならないことが理解されよう。

Ⅳ　指導要録と通知表

　教員が教育評価から連想することと言えば，まず最も多いのが「子どもの成績付け」である。試験をし，採点をし，結果を通知表や指導要録に記入すること，それが教育評価だと思っている人が多い。そう連想するのは教育の素人だろうと思われようが，必ずしもそうとばかりは言えない。教員の中にもそういう評価観は根強く残っている。

　教育とは何かを常に考えている教員は別として，日々の授業をこなすのが精一杯で，そんな青臭いことを考える暇などないとうそぶく教員は少なくはない。教員の仕事の中核は「授業」である。ところが，日々の教員の仕事は授業だけではない。子どもが学校にいる間は，子どもの安全確保にも目を配らなければならない。給食を実施している学校では，給食時間にも子どもに目配りしなければならない。子どもの下校後は，翌日の授業の準備はもとより，行政機関から下りてくる調査用紙等への回答記入，日誌の整理など，授業に直結しないいわゆる＜雑務＞の処理もある。

　教員の仕事の何が本務で，何が雑務か。その区分けをするのは案外やっかいだが，ごく単純に言えば，教員でなければできない職務が本務，教員以外の職員に任せて問題のない職務が雑務，という区分けはできそうだ。ところが，日本の学校には，雑務をこなしてくれる職員は配置されていない。教員の仕事の多忙はこの辺りにも原因がある。

　ただ，日本の教員，これから教員になろうとする学生諸君は，本務・雑務の区分けにばかり気をとられずに，教育とは何か，教育評価とは何かを常に問い続ける教員であってほしい。子どもを序列化し，子どもを学力競争に追い立てる教員にだけはなってほしくない。

1 「指導要録」への記載

「指導要録」への記載は，教員の義務の１つである。記載者名は校長であるが，実際の記載は担任教員が行う。校長は教員から提出された指導要録を点検し，押印する。つまり，校長は記載責任者ということだ。

すでに述べたように，「指導要録」は児童・生徒の戸籍簿，学習の記録簿であり，「学校教育法施行規則」第28条にその規定がある。

同条は，学校に備えなければならない表簿（学校備え付け表簿）を挙げており，その保存期間を５年とする旨を定めている。「指導要録」は，それらの表簿の１つとして挙げられている。ただし，「指導要録」のうち，学籍に関する記録については，その保存期間は20年間とすることが定められている。学籍に関する記録以外の記載事項というのは，学習の記録に関する事項，つまり，児童・生徒の成績や学校での行動の記録に関わる部分である。これらの記載事項の保存期間は５年間と定められている。

なお，「指導要録」に記載すべきおおよその事項は，文科省が参考様式として例示しており，それをもとに各自治体が記載事項を定めている。文科省が例示する事項に関しては，web上で参考様式等が閲覧できるので，それを参考にしてほしい。また，自治体が示す様式もweb上で閲覧することができる。

2 通知表

通知表の呼称は学校ごとに多様で，通信簿・通信表・通知簿などの呼称も見られる。学校によっては，「あゆみ」「伸びゆく子」などやわらかい名称を採用する例も見られる。５段階評定のような数値的評価よりは，子どもの成長の記録簿という側面に力点を置きたいとの思惑があるようだ。

先に述べたように，現在の５段階評定は，集団準拠評価ではなく目標準拠評価である。ところが，５，４，３，２，１という数値を見ると，子どもや保護者は，集団準拠評価と誤認してしまうようだ。数値が目標準拠評価であること

を認識せず，他の子どもとの比較の数値だと思ってしまうのだ。

　いや，子どもや保護者だけではない。教員の中にも，5段階評定と言えば集団準拠評価だと思い込んでいる者が少なくないように思われる。だから，通知表の記載に当たって，集団準拠評価の視点で，5段階評定を進めている教員が少なくないように思われる。これでは，集団準拠評価から目標準拠評価に移行した意味がない。学力競争を脱却するために目標準拠評価を導入したことを，教員はしっかり，認識しなければならない。また，子どもにも保護者にもそのことを繰り返し伝えなければならない。

　結局，第2章「授業設計」の項で書いたように，目標行動の重要性が学校，教員に認識されていないことが問題なのだ。目標行動が理解されなければ，目標準拠評価の意味も意義も理解されるはずがない。「何ができるのか」，「今はできないが，できるように努力しなければならないことは何か」，目標準拠評価は，その道しるべのために導入されたのだ。それを理解しない限り，この国から学力競争はなくなるまい。

　競うことを全て否定しているのではない。ただ，競うことで伸びられる子ばかりではないことは知っておくべきだ。競うことでつぶされる子も多いのだ。教育評価ではそのことを理解することが肝要なのである。通知表を見て一喜一憂する子どもや保護者は，結局，「数値＝競争」の誤認から抜け出られないのである。

　近年，通知表を廃止する学校も見られるようになっている。通知表を廃止することを否定はしない。ただ，その場合，学校・教員は通知表以外の手立てで子どもの成長を子どもや保護者にどう伝えるのか。子どもの教育は，学校と保護者との連携で進めるべきものである以上，子どもの成長ぶりを学校・教員と保護者とがどう伝え合い，どう共有するのか。通知表を廃止する場合，それに代わる連絡の方法を探り出すことが不可欠であろう。

V　子どもを育てる教育評価への道

1　教育測定運動の隆盛とそれへの批判

　20世紀に入る頃から，米国では，子どもの学力を科学的に捉えることの重要性が指摘されるようになった。

　先に述べた正規分布曲線を教育評価に導入し始めたのもこの頃である。そのリーダーとして活躍したのがソーンダイク（Thorndike, E. L.）である。教育評価の科学化の名のもとに進められた一連の動きは，「学力測定の科学化」あるいは「教育測定運動」などと呼ばれ，わが国にも影響を与えた。

　その動向について，細々した記述は省く。「教育測定運動」の名のもとに進められた「測定」は，客観性を保証するため，数値が重んじられた。また，測定項目も細分化され，知能検査，学力検査，性格検査，適性検査などが次々に産み出され，実施された。

　ところで，筆者は健康診断は必要なのかという疑問をずっともっていた。人間の身体を細分化して検査して何がわかるのだろう，という疑問である。さらに，高血圧，高コレステロールなどの数値は，どれほどの根拠をもつのか，という疑問もあった。要は，人間の身体は複雑で，局部的なデータを明らかにしたとしても，総体としての人間の身体と，それらのデータとの関係は明らかになるのだろうか，ということである。

　筆者の知り合いがかかっていた某医大病院の医師は闊達な人柄で，患者である彼に「私は健康診断など信用していないから，受けません」とはっきり言ったそうだ。健診は重要だと思い込んでいた彼は軽いショックを受けたようだが，その後，いろいろ調べたところ，同じことをいう医療関係者が他にもいることを知ったという。

　さて，話を本題に戻そう。教育測定運動は，どうも健康診断に類似している

ように思えてくる。米国では，教育測定運動に対して，健康診断と同様の批判が生まれてくる。1930年頃からである。

健康診断の場合，人間の身体を細分化して，全体を見ないという問題が指摘されることがある。教育則定運動に関しても，同様の批判が見られるようになったのである。要約して言うと「要素主義的測定ではなく，全体的・統一的把握を」という批判である。

「木を見て森を見ず」はよく知られた諺である。細部にとらわれて全体を見ない。人間の身体は総体として機能している。各部位は，総体と連動して機能している。総体との関わり抜きに各部位を見ても，わかるのは各部位の病変だけで，総体としての病変はわからない。

教育測定運動も同じ問題を抱えていたということであろう。

2　ポートフォリオ評価

ポートフォリオ（Portfolio）は，「かばん」を意味する英語である。bag と同義だが，ポートフォリオという場合，書類を入れるかばんを指すことが多い。その場合，「書類入れ」や「紙挟み」と訳されることもある。さらに，そこに納められた書類を指すこともある。転じて，「紙挟み式の画集」「画帳」の意味もある。

教育評価の場合，子どもたちの試験の答案や作文，図工の作品など，いわゆる「成績物」を一括して収納する容れ物，また，そこに納められた成績物のことを指す。つまり，子どもの学習活動の中で産み出された成績物を一括して保存し，それを子どもの学習評価の手立てにするのが，ポートフォリオである。

したがって，ポートフォリオには，次のような意義がある。

期末試験や中間試験など，一発勝負の評価ではなく，折々の成績物によって子どもの成長の過程を示すことができる。子ども自身や保護者にとって，試験の点数などよりはるかに有意義な成長の記録となり得る。教員にとっても，指導要録や通知表の記入に際して大いに有力な手立てとなろう。

一方，課題が指摘されることがある。成績物をどのように評価するかという点である。

　厳密に考えるとやっかいな話だ。例えば，近年，大学の推薦入試においてポートフォリオの提出が求められることがある。つまり，自分の学習成果をアピールするため，アピールすべき成績物を，そのリストとともに提出させるのである。では，提出されたポートフォリオを大学側はどのように評価するのか。少なくとも，入試なのだから，合否判定のために，ポートフォリオをどのように評価するのかは，明確でなければならない。論文のような成績物が提出されていれば，それを読んで合否判定につなげなければならない。読むこと自体がなかなかに骨の折れる仕事であるうえに，合否判定につなげる評価をしなければならない。大学教員は，論文評価に一定の経験をもっているから，時間がかかるにしても，できないことはない。問題は客観性をどう確保するかである。そのために，論文など成績物の評価に関しては，複数の教員による合議で評価することが多い。

　一方，小・中学校でポートフォリオを評価する場合は，それにかける時間には限りがある。とはいえ，教員は子どもたちの学校における学習活動を日々目にしており，その過程で，日常的に成績物を目にしている。したがって，ポートフォリオの評価では，日常的な観察を含めて，子どもの成長ぶりを指摘してやることでよいと考える。必要な場合，子ども・保護者とともにポートフォリオを見て，子ども・保護者自身の感想（どのような成長をしたと思うか）を聞き取ることがあってもよかろう。

　難しく考えることはない。要は，子どもの成長を試験の点数だけで評価するのでなく，子どもの成長ぶりを子ども・保護者・教員が共有することで，子どもの次の段階への成長が促されるということだ。

3　子どもを育てる教育評価

　教育評価は，成績付けと同義に解釈されていることが多い。しかし，教育評

価は，子どもを育てる道筋を見いだす方途でなければならない。

　目標準拠評価やポートフォリオは，それを可能にする手立ての１つである。しかし，目標準拠評価やポートフォリオを導入するだけでは，子どもを育てる教育評価にはなり得ない。最も重要なことは，子ども自身が，自らを評価することである。教育評価における教員の仕事は，子どもに自己評価の重要性を伝え，認識させ，自己評価させることである。では，どうするか。次のような仕掛けを進めることを提案したい。

　①　子ども・保護者に評価の意味や意義を伝える……子ども・保護者は，評価と言えば，通知表，成績という理解にとどまっている。そうではなく，評価は，学習の成果をより高めていくための手立てであること，順位付けのためにするのではないことなどを，伝える必要がある。これは，子どもを育てる教育評価の大前提である。子ども・保護者が，このことを理解しなければ，子どもを育てる教育評価は「絵に描いた餅」に終わってしまう。繰り返すが，順位付けではなく，教員と子どもとが，子どもの学力を客観的に把握するためにするのが教育評価であるということを，子ども・保護者にしっかり理解させよう。

　②　子ども・保護者が，教科・科目等の目標行動を理解する……この学習では，どういう力を育てようとしているのか，子ども・保護者がそれを知ることで，子ども自身が学習の目当てを明確に把握し得る。大事なことは，「三角形について理解する」というようなあいまいな目標ではなく，「三角形の定義を自分の言葉で説明する」「三角形の内角の和は180°であることを証明する」というような目標行動として認識することである。目標行動を子ども・保護者が認知すれば，授業で教員が指導していることの意味も理解しやすくなる。同時に，目標行動を達成できたか否かで，評価されるのだな，ということを子ども・保護者が理解することにもなるのである。

　③　教員と児童生徒の協働による評価……教員の評価と児童・生徒の評価とにずれが生じるのは，ありがちなことだ。そこで，教員と児童・生徒とが向きあって，評価について情報交換することは重要なことだ。児童・生徒が，ある目標行動を獲得したと思っていても，教員の目からすればまだ不十分な点があ

ることも多かろう。そこで，それについて，話し合いをもつことで，子ども自身が不足している学力に気づき，それを補う学習を進めることを可能とする。

④　子どもの能力を多面的に見る……目標行動にもとづく評価だけではなく，生活の仕方，他の子どもとのつきあい方，学校での学習と直接は関わらない趣味などから，子どもの意外な能力を発見することがある。教員は，どうしても，学校の中の子どもしか見ない。学校外での子どもの様子を見る機会は多くはなかろう。そういうとき，ポートフォリオが，意外な情報を与えてくれる可能性がある。書かれた作文，自由研究のレポート，美術や音楽の成果，等々子どもの姿を具体的に示す情報を得られる可能性がポートフォリオにはある。

子ども同士を比較する評価から，個々の子ども特性を伸ばす評価への転換こそが，新しい学校創生の道である。

 演習問題

1．「教育評価」と「学力試験」との違いを説明した上で，両者がどのように関連するかについて説明しなさい。
2．「集団準拠評価」と「目標準拠評価」とについて，それぞれの語の意味を述べなさい。
3．「目標準拠評価」や「ポートフォリオ」を子どもの成長につなげるためには，どのような配慮が必要か，整理して述べなさい。

 読書案内

○B.S. ブルーム他（梶田叡一他訳）『教育評価法ハンドブック―教科学習の形成的評価と総括的評価―』第一法規　1973
　評価のための評価ではなく，指導のための評価を明確にした古典的名著。指導の流れに沿った，診断的評価，形成的評価，総括的評価の意義を説いた。
○永野重史『教育評価論』〈教育学大全集24〉第一法規　1984
　教育上の決定をするための情報の収集と利用が教育評価であるという立場で著され，何のために評価をするのかを考えるのに有効な知見が得られる。

Allen, W. H. (1974). Media stimulus and types of learning. In H. Hitchens (ed.). *Audiovisual Instruction*. Washington, DC: Association for Educational Communications and Technology.

Beetham, H. (2016). "What is 'digital wellbeing'? Available: https://design-4-learning. blogspot.com/2016/03/what-is-digital-wellbeing.html. 閲覧日：2023年1月6日.

Briggs, L. J. (1970). *Handbook of Procedures for the Design of Instruction*. Pittsburgh, PA: American Institutes for Research.

Bruner, J. S. (1966). *Toward a theory of instruction*. Cambridge, MA: Harvard University.

ブルーナー, J. S.（鈴木祥藏・佐藤三郎／訳）（1963）.『教育の過程』岩波書店.

Dale, E. (1969). *Audio-Visual Methods in Teaching* (3rd ed.). New York, NY: Dryden Press.

Dwyer, F. M. (1970). Exploratory studies in the effectiveness of visual illustrations. *AV Communication Review*, 18, 235-247.

Dwyer, F. M. (1971). Color as an instructional variable. *AV Communication Review*, 19, 399-416.

Fiske, J. (1982). *Introduction to Communication Studies*. London: Methuen.

Gagné, R. M., Briggs, L. J., & Wager, W. W. (1992). *Principles of Instructional Design* (4th ed.). Fort Worth, TX: Harcourt Brace Jovanovich College Publishers. http://www.presentersuniversity.com/courses_visual-aids_being_visual11.php. 閲覧日：2023年1月6日.

長谷川栄ほか（編）（1995）.『教育の方法と技術』協同出版.

Jackson, P. W. (1968). Life in classrooms. New York: Holt, Rinehart, and Winston.

Jisc. (2017). "Digital Discovery Tool". Available: https://digitalcapability.jiscinvolve. org/wp/files/2017/11/Jisc-discovery-tool-digital-capability-questions.pdf. 閲覧日：2023年1月6日

国立教育政策研究所教育課程研究センター(2011).「情報モラル教育実践ガイダンス」国立教育政策研究所.

Lindstrom, R. L. (2003). A guidebook for strategic presentation in the rich-media communications era. Available: http://www.presentersuniversity.com/courses_visual-aids_being_visual11.php. 閲覧日：2023年1月6日.

Mayer, R. E. (2009). *Multimedia Learning*. Cambridge: Cambridge University Press.

文部省（1975）.「カリキュラム開発の課題」大蔵省印刷局.

文部科学省（2007）.「情報モデルカリキュラム」文部科学省.

文部科学省（2011）.「教育の情報化ビジョン〜21世紀にふさわしい学びと学校の創

造を目指して〜」文部科学省.

文部科学省生涯学習政策局情報教育課（2014）.「学びのイノベーション事業 実証研究報告証」文部科学省.

文部科学省（2017）.「平成30年度以降の学校における ICT 環境の整備方針について」文部科学省.

文部科学省（2020）.「教育の情報化に関する手引（追補版）」文部科学省.

文部科学省初等中等教育局情報教育・外国語教育課（2020）.「次世代の教育情報化推進事業（情報教育の推進等に関する調査研究）成果報告書 情報活用能力を育成するためのカリキュラム・マネジメントの在り方と授業デザイン―令和元年度 情報教育推進校（IE-School）の取組より―）」内田洋行.

中留武昭（2005）.「学校改善に機能するカリキュラムマネジメント」日本教育制度学会編『教育改革への提言集＜第4集＞』東信堂.

中野照海（1982）.「授業の設計の基礎」大内茂男・中野照海編『授業に生かす教育工学シリーズ第1巻 授業の設計と実施』図書文化.

Nielsen, J. (1995). *Guidelines for multimedia on the web*. Available: http://www.useit.com/alertbox/9512.html. 閲覧日：2023年1月6日.

OECD-CERI (1975). *Handbook on curriculum development*.

Puentedura, R. R. (2010). "A Brief Introduction to TPCK and SAMR" Available: www.hippasus.com/rrpweblog/archives/2011/12/08/BriefIntroTPCKSAMR.pdf. 閲覧日：2023年1月6日.

Reeves, B. & Nass, C. (1996). *The Media Equation: How People Treat Computers, Television, and New Media Like Real People and Places*. NY: Cambridge University Press.

佐藤 学（1985）.「カリキュラム開発と授業研究」安彦忠彦（編）『カリキュラム研究入門』勁草書房.

下村哲夫（1995）.『定本・教育法規の解釈と運用』ぎょうせい.

Skilbeck, M. (1979). The case for School-based curriculum development. In OECD/CERI, *School-based curriculum development*, 11-42.

田村知子（2014）.『カリキュラムマネジメント』日本標準.

田中統治（2001）.「教育研究とカリキュラム研究」山口満（編）『現代カリキュラム研究』学文社.

Tucker, B. (2012). The Flipped Classroom: Online instruction at home frees class time for learning. *Education Next*, Winter, 82-83.

Winn, W. & Everett, R. J. (1979). Affective rating of color and black-white pictures. *Educational Communication and Technology Journal, 27*, 148-156.

Wogalter, M. S & Laughery, K. R. (1987). Face recongnition: effects of study to test maintenance and change of photographic mode and pose. *Applied Cognitive Psychology*, 1, 241-253.

索　引

あ行

ICT 教育　135
SAMR モデル　145
オースベル　43
オンライン教育　148

か行

学習支援　10, 59
学習指導　9
学習指導要領　101, 134
学習組織　72
学年　72
学力試験　162
学科制　75
学級　73
学級担任制　76
学校教育法　99
カリキュラム　86
カリキュラム・マネジメント　107
机間指導　11, 64
教育課程　89, 99
教育技術　13
教育基本法　98
教育工学　38
教育測定運動　174
教育評価　158
教育方法　8, 17
教育メディア　119
教科カリキュラム　94
教科書　100
教科担任制　78
教材研究　58
教授工学　44
教授組織　76
教授フローチャート　56
教授法　9
キルパトリック　31
クラウダー　41

経験

経験カリキュラム　94
経験主義　24, 30, 34, 102
経験の円錐　120
形成的評価　169
系統主義　34
ゲスト・ティーチャー　80
言語主義　21
コア・カリキュラム　102
5段階評定　166
コメニウス　26

さ行

指示　62
資質・能力　137
七自由科　23, 94
視聴覚教育　37
指導案　15, 65
指導要録　165, 172
習熟度別指導　75
集団準拠評価　167
授業設計　16, 48
情意目標　52
情報モラル　151
診断的評価　169
進路指導　12
スキナー　39
生徒指導　11
潜在的カリキュラム　91
総括的評価　170
総合的な学習の時間　107
ソーンダイク　174
ソクラテス　24

た行

直観　27
通知表　172
ティーム・ティーチング　78
デジタルウェルビーイング　153

デューイ　30, 88, 102
電子黒板　128
道徳教育　55, 106

は行

発見学習　42
発問　60
話し合い学習　63
フィードバック　65
ブルーナー　42, 103
ブルーム　52
プログラム学習　39
プロジェクト・メソッド　31
分団式指導　74
ペスタロッチ　27
ヘルバルト　34
ポートフォリオ評価　175
補助教材　100
ポファム　52

ま行

メディア　116
目標行動　50
目標準拠評価　167
問題解決学習　30

や・ら行

有意味受容学習　43
理論　19

◆◇編集者紹介◇◆

平沢　茂
（ひらさわ　しげる）
1943（昭和18）年生まれ。東京教育大学大学院教育学研究科（修士課程）修了。亜細亜大学教授，文教大学教育学部教授，同大学情報センター所長等を経て，現在，文教大学名誉教授。著書は，『新教育課程実践キーワード』（編著，教育開発研究所），『学習情報の提供と活用』（共著，実務教育出版），『学校教育と社会教育の間―生涯学習体系の創造―』（編著，ぎょうせい）ほか多数。

◆◇執筆者◇◆

平沢　　茂　（編集者）　　　　　　1章，2章Ⅰ，Ⅳ，5章
一之瀬一彦　（秀明大学教授）　　　2章Ⅱ，Ⅲ
浅野　信彦　（文教大学教授）　　　3章
吉田　広毅　（関東学院大学教授）　4章

（執筆順。所属，役職は，2023年2月現在）

【四訂版の主な変更点】

・「第3章カリキュラム開発」は，旧版の内容を維持して部分改訂とした。

・それ以外の章は，章立て，内容，担当著者を改めて全面改定した。

・章立ては，四訂版の全7章から，全5章立てに整理統合した。

四訂版　教育の方法と技術

2006年2月25日　　初版第1刷発行
2014年2月1日　　改訂版初版第1刷発行
2018年2月20日　　三訂版初版第1刷発行
2023年4月1日　　四訂版初版第1刷発行

［検印省略］

編　著……平沢　茂
発行人……則岡秀卓
発行所……株式会社図書文化社
〒112-0012 東京都文京区大塚1-4-15
TEL 03-3943-2511　　FAX 03-3943-2519
振替　00160-7-67697
http://www.toshobunka.co.jp/
組版・印刷・製本……株式会社厚徳社
装幀者……中濱健治

ISBN978-4-8100-3778-4 C3037